第四次工业革命
转型的力量

[德] 克劳斯·施瓦布◎著
世界经济论坛创始人兼执行主席

Klaus Schwab

THE FOURTH INDUSTRIAL REVOLUTION

中信出版集团 | 北京

图书在版编目（CIP）数据

第四次工业革命 /（德）施瓦布著；世界经济论坛北京代表处，李菁译. -- 北京：中信出版社，2016.6（2025. 1 重印）
书名原文：The Fourth Industrial Revolution
ISBN 978-7-5086-6125-4

I. ①第… II. ①施… ②世… ③李… III. ①产业革命－研究 IV. ①F419

中国版本图书馆CIP数据核字（2016）第077570号

第四次工业革命

著　　者：[德] 克劳斯 · 施瓦布
译　　者：世界经济论坛北京代表处　李　菁
策划推广：中信出版社（China CITIC Press）
出版发行：中信出版集团股份有限公司
（北京市朝阳区东三环北路27号嘉铭中心　邮编　100020）
（CITIC Publishing Group）
承 印 者：三河市中晟雅豪印务有限公司

开　　本：880mm×1230mm　1/32　　印　　张：7　　字　　数：120千字
版　　次：2016年6月第1版　　印　　次：2025年1月第25次印刷
京权图字：01-2016-3395
书　　号：ISBN 978-7-5086-6125-4
定　　价：45.00元

致中国读者：

尽管未来存在诸多不确定性，但有一点是确定无疑的：我们必须采取协调一致的系统性方法，动员国际社会的所有利益相关者，共同应对全球挑战。第四次工业革命的发展速度之快、范围之广、程度之深，都迫使我们反思国家的发展方式、组织创造价值的方式以及人类自身的意义。我认为人人都有责任塑造这样一个美好的未来，使创新和技术以人为本，并服务于全球公共利益。

为了掌控第四次工业革命，需要汇聚政界、商界和科技领域的最优秀人才开展精诚合作。在当今科技飞速发展的新时代，中国制订了国民经济和社会发展第十三个五年规划，充分具备了成为时代先锋和全球领头羊的条件。教育、创新与企业家精神将成为推动进步的关键引擎。

世界经济论坛支持这一进程，并吸引中国公共与私营部门的合作伙伴参与论坛在全球持续开展的多方利益相关者对话与行动倡议。在第四次工业革命涉及的各主要领域，全世界都期待中国发挥关键作用，推动国际合作，完善相应体系，从而管理好此次转型进程，在社会和经济领域取得最大成果。

另外，世界经济论坛通过每年在大连和天津两个城市轮流举办新领军者年会，汇聚最有创意的杰出人才开展高端、深度讨论。我们希望通过这种方式，为中国经济的持续、强劲增长做出重要贡献。

因此，当务之急，我们必须继续推动并提高大家对所有关键议题的了解，这正是本书力求达到的目标。

衷心感谢大家与我共同踏上这一激动人心的非凡旅程！

谨此致意！

克劳斯·施瓦布

THE
FOURTH
INDUSTRIAL
REVOLUTION

目　录

未来之路

展望 2025：深度变革

THE FOURTH INDUSTRIAL REVOLUTION

前 言

当今时代，我们面临着纷繁复杂的挑战，其中最严峻、最重大的挑战莫过于如何理解并塑造本次新技术革命，这不亚于人类的一次变革。这次革命刚刚开始，正在彻底颠覆我们的生活、工作和互相关联的方式。无论是规模、广度还是复杂程度，第四次工业革命都与人类过去经历的变革截然不同。

我们尚未完全了解这次新技术革命的速度和广度。仅以移动设备为例，如今，移动设备将地球上几十亿人口连接到了一起，具有史无前例的处理和存储能力，并为人们提供获取知识的途径，由此创造了无限的可能性。另外，各种新兴突破性技术出人意料地集中出现，涵盖了诸如人工智能、机器人、物联网、无人驾驶交通工具、3D（三维）打印、纳米技术、生物技术、材料科学、能源储存、量子计算等诸多领域。尽管其中很多创新成果还处于初期阶段，但是在物理、数字和生物技术相结合的推动下，它们在发展过程中相互促进并不断融合，现在已经发展到了一个转折点。各行各业都在发生重大转变，主要表现为：新的商业模式出现，现有商业模式被颠覆[1]，生产、消费、运输与交付体系被重塑。社会层面的一个范例是，我们的工作与沟通方式，以及自我表达、获取信息和娱乐的方式正在发生改变。同样，政府、各类组织机构以及教育、医疗和交通体系正在被重塑。如果我们用创新的方式利用技术，改变人们的行为和生产、消费体系，我们就有望为环境再生和保护提供支持，避免因外部效应产生隐性成本。无论从规模、速度还是广度来看，本次技术革命带来的变化都具有历史性意义。

新兴技术的发展和运用还存在巨大的不确定性，这意味着我们尚不清楚本次工业革命将如何推动各行业变革，但变革的复杂性和各行业的互联性表明，国际社会所有利益相关者，包括政界、商界、学术界和公民社会在内，都有责任共同努力，加深对新兴趋势的理解。

为了塑造一个反映我们共同目标和价值观的美好未来，共识至关重要。我们必须对下列问题形成全面了解并达成全球共识：技术正在如何改变当代人以及子孙后代的生活？技术正在如何重塑人类赖以生存的经济、社会、文化和环境？

这些改变是如此深刻，以至于人类在其发展历史上从未迎来如此美好的前景，也从未面临如此严峻的风险。然而我担心的是，决策者们往往囿于传统的（非颠覆性）线性思维，或者过于关注眼前的危机，而难以对影响未来的各种颠覆和创新力量进行战略性思考。

我知道，一些学者和专业人士认为我所讨论的这些进步只是第三次工业革命的延续。但在我看来，我们正在经历一场具有自身特性的第四次革命，主要有以下三大原因：

速度：和前几次工业革命不同，本次革命呈现出指数级而非线性的发展速度，这是因为我们目前生活在一个高度互联、包罗万象的世界，而且新技术也在不断催生更新、更强大的技术。

广度与深度：第四次工业革命建立在数字革命的基础之上，结合了各种各样的技术，这些技术正给我们的经济、商业、社会和个人带来前所未有的改变。它不仅改变着我们所做的事情和做事的方式，甚至在改变人类自身。

系统性影响：它包含国家、公司、行业之间（和内部）以及整个社会所有体系的变革。

我写这本书的目的是提供一本关于第四次工业革命的“入门读物”。本书介绍了此次工业革命的本质、后果和影响，以及我们应采取什么措施利用本次工业革命为共同利益服务。本书适用于所有对未来新事物有兴趣，并致力于利用本次颠覆性变革的机会，塑造一个更美好世界的人。

《第四次工业革命》具有以下三个主要目标：

- 帮助人们更好地认识技术革命的全面性、速度及其全方位影响；
- 构建技术革命的思维框架，列出核心问题与可能的应对措施；
- 提供一个平台，激励公共部门与私营部门就技术革命问题开展相关合作。

总之，本书旨在强调技术与社会和谐共处的方式。技术并非是我们无法控制的一个外在因素。我们不必囿于“要么接受，要么拒绝”这样非此即彼的二元选择。相反，我们要把握这次剧烈的技术变革机会，反思我们的本质与世界观。我们越深入思考如何利用这场技术革命，就越能审视自身以及这些技术所催生的潜在社会模式，我们也就更有机会推动革命的发展，从而改善世界状况。

推动第四次工业革命的发展，赋权于民并以人为本，而不是去人性化并造成社会分裂，这绝非是某一个利益相关群体或行业靠一己之力就能完成的工作，也不是某一个国家或地区单枪匹马就能完成的任务。这次工业革命的本质和全球性，意味着它会对所有国家、经济体、行业和公众产生影响，同时也会受到他们的影响。因此，我们必须跨越学术、社会、政治、国家和行业的界限，投入大量精力开展多方合作。这样的互动与合作，对于国际社会就第四次工业革命形成充满正能量和希望的统一认识必不可少，它能让所有个体、群体和地区都能参与当前的转型进程，并从中受益。

本书包含的许多信息和我本人的分析都基于世界经济论坛持续开展的项目与倡议，并且在论坛近期的活动中得以完善、探讨和质疑。因此，本书也为世界经济论坛提供了一个未来行动框架。我也从与很多人的对话中获得了灵感，他们有的是商界、政界和公民社会领袖，有的是技术先锋与年轻人。从这个意义上来说，本书是一本源于群体智慧的书，是世界经济论坛众多社区共同的智慧结晶。

本书前半部分有三章：第一章概括介绍了第四次工业革命的整体情况；第二章介绍了一些具有变革能力的主要技术；第三章深入分析了第四次工业革命的影响及其带来的政策挑战。在本书后半部分，我针对如何更好地适应、塑造并掌控第四次工业革命，提出了一些具有实际意义的建议与解决方案。

THE
FOURTH
INDUSTRIAL
REVOLUTION

第一章

第四次工业革命来了!

从工业 4.0 到第四次工业革命

“革命”一词指的是突然出现的剧变。革命伴随着人类历史的始终：每每出现新技术，出现看待世界的新视角，人类的经济体制和社会结构便会发生深刻变革。如果以历史的长河作为参照，这些突然发生的变革可能要持续很多年才能全面展开。

人类生活方式的首次深度转变大约发生在 10 000 年前。当时，通过驯养动物，我们从采集时代过渡到了农耕时代。这次农业革命使畜力和人力得到了结合，推动了生产、运输和交通的发展。此后，粮食产量逐步增加，有效促进了人口增长和人类聚居地面积的扩大，并由此催生了城市化和城市的崛起。

继农业革命之后，到了 18 世纪下半叶，一系列工业革命相继而来。这些革命标志着肌肉力量逐渐被机械力量取代，发展到今天的第四次工业革命时代，认知能力的提高正在促进人类生产力的进一步提升。

第一次工业革命大约从 1760 年延续至 1840 年。由铁路建设和蒸汽机的发明触发的这次革命，引领人类进入机械生产的时代。第二次工业革命始于 19 世纪末，延续至 20 世纪初，随着电力和生产线的出现，规模化生产应运而生。第三次工业革命始于 20 世纪 60 年代。这一次革命通常被称为计算机革命、数字革命，因为催生这场革命的是半导体技术、大型计算机（60 年代）、个人计算机（七八十年代）和互联网（90 年代）的发展。

基于前三次工业革命的各种定义和学术观点，我有理由认为，我们当前正处在第四次工业革命的开端。第四次工业革命始于这个世纪之交，是在数字革命的基础上发展起来的，其特点是：同过去相比，互联网变得无所不在，移动性大幅提高；传感器体积变得更小、性能更强大、成本也更低；与此同时，人工智能和机器学习也开始崭露锋芒。

以计算机软硬件和网络为核心的数字技术早已不是什么新鲜事物，但与第三次工业革命不同的是，数字技术正变得更为精深，一体化程度更高，由此正在引起各国社会和全球经济发生变革。麻省理工学院（MIT）的埃里克 · 布莱恩约弗森（Erik Brynjolfsson）和安德鲁 · 麦卡菲（Andrew McAfee）两位教授在 2014 年合著的同名著作[①]中，将本阶段称为“第二次机器革

① 《第二次机器革命》一书中文版已由中信出版社于 2014 年 9 月出版。——编者注

命”[2]。书中指出，当今世界正处在一个拐点上，通过发展自动化和生产“前所未有的事物”，这些数字技术的影响力将得到全面发挥。

在德国，关于工业 4.0 的探讨方兴未艾。这一概念最早是在 2011 年的汉诺威工业展上提出，它描绘了全球价值链将发生怎样的变革。第四次工业革命通过推动“智能工厂”的发展，在全球范围实现虚拟和实体生产体系的灵活协作。这有助于实现产品生产的彻底定制化，并催生新的运营模式。

然而，第四次工业革命绝不仅限于智能互联的机器和系统，其内涵更为广泛。当前，从基因测序到纳米技术，从可再生能源到量子计算，各领域的技术突破风起云涌。这些技术之间的融合，以及它们横跨物理、数字和生物几大领域的互动，决定了第四次工业革命与前几次革命有着本质不同。

在这场革命当中，新兴技术和各领域创新成果传播的速度和广度要远远超过前几次革命。事实上，在世界上部分地区，以前的工业革命还在进行之中。全球仍有 13 亿人无法获得电力供应，也就是说，仍有 17%的人尚未完整体验第二次工业革命。第三次工业革命也是如此。全球一半以上的人口，也就是 40 亿人，仍无法接入互联网，其中的大部分人都生活在发展中国家。纺锤是第一次工业革命的标志，它走出欧洲、走向世界花了 120 年。相比之下，互联网仅用了不到 10 年的时间，便传到了世界各个角落。

第一次工业革命的经验同样适用于今天的革命。社会在多大程度上接受技术创新，是决定技术进步的主要因素。政府、公共机构以及私营部门都要发挥自身作用，对技术创新持包容性态度，不过同样重要的是，普通公众也要看到长远的效益。

我认为，第四次工业革命所蕴含的能量、影响力和历史意义丝毫不亚于前三次革命。不过我个人也担心，一些因素或将阻碍第四次工业革命的潜力得到有效、全面释放。这种担心主要基于以下两点考虑。

第一，在第四次工业革命到来之际，我们需要反思我们的经济、社会和政治体制，但我认为，目前各方面的领导力水平还不够，对正在发生的变化的认识也存在不足。结果，不管在国家层面还是国际层面，用于管理创新成果的传播、减缓颠覆性影响力所必需的制度性框架远远不足，甚至可以说是完全缺位。

第二，国际社会尚未就第四次工业革命的机遇和挑战形成积极、一致的统一认识。如果我们想为形形色色的个人和群体赋权，避免公众抵触当前正在发生的深刻变革，这样的统一认识必不可少。

一场深刻的系统性变革

技术和数字化将会改变一切，这个观点是本书的创作前提。“这次不同了”是一个被滥用甚至经常错用的金句，但基于本书，这句话却是非常恰当的。简而言之，各项重大技术创新即将在全球范围内掀起波澜壮阔、势不可当的巨变。

正因为这场变革规模极大、范围极广，所以目前的颠覆和创新才会显得如此激烈。如今，创新的发展速度和传播速度比以往任何时候都快。Airbnb（空中食宿）、优步和阿里巴巴等颠覆者，几年前还籍籍无名，但如今早已家喻户晓。问世于 2007 年的苹果手机，如今在街头巷尾随处可见。截至 2015 年年底，全球智能手机总量更是多达 20 亿部。2010 年，谷歌宣布研制出首辆无人驾驶汽车。用不了多久，我们就会看到许多无人驾驶汽车行驶在公路上。

这样的事例不胜枚举。速度只是第四次工业革命的一个方面，规模收益也同样惊人。数字化意味着自动化，自动化反过来意味着企业的规模收益不会递减（至少递减的部分会少一些）。为帮助读者从总体上理解这个道理，我们拿 1990 年的底特律（当时主要的传统产业中心）与 2014 年的硅谷做一个比较。1990 年，底特律最大的三家企业的总市值、总收入和员工总数分别为 360 亿美元、2 500 亿美元和 120 万人。相比之下，2014 年，硅谷最大的三家企业的总市值高达 1.09 万亿美元，其 2 470 亿美元的总收入与前者不分伯仲，但它们的员工数量仅约为前者的 1/10，只有 13.7 万人。[3]

与 10 年前或 15 年前相比，今天创造单位财富所需的员工数量要少得多，这是因为数字企业的边际成本几近为零。此外，在数字时代，对于许多供应“信息商品”的新型公司而言，其产品的存储、运输和复制成本也几乎是零。一些颠覆性的技术企业似乎不需要多少资本，就能实现自身发展。比如，Instagram[①]和WhatsApp[②]等公司并不需要太多启动资金，借助第四次工业革命的力量，这些企业不仅改变了资本的作用，还提升了自身业务规模。这一点充分表明，规模收益有助于进一步扩大企业规模，并影响整个系统的改革。

除速度和广度之外，第四次工业革命的另外一个特点是，不同学科和发现成果之间的协同与整合变得更为普遍。不同技术相伴相生，催生出许多以前只能在科幻小说中才能看到的有形创新成果。比如，数字制造技术已经可以和生物学相互作用。一些设计师和建筑师正在将计算机设计、增材制造、材料工程学和合成生物学结合在一起，创造出新的系统，实现微生物、人体、消费产品乃至住宅之间的互动。通过这种方式，他们制造出（甚至可以说是“培植出”）的物体具有持续自我改变和调整的能力（这是动植物的典型特征）。[4]

在《第二次机器革命》一书中，布莱恩约弗森和麦卡菲指出，以当今计算机的聪明程度，我们根本无法预知几年后它们会有怎样的应用。从无人驾驶汽车和无人机，到虚拟助手和翻译软件，人工智能（AI）随处可见，并改变着我们的生活。人工智能之所以取得巨大进步，既得益于计算能力的指数级增长，也得益于我们现在可以获得大量的数据。不论是利用软件发现

---

① Instagram是一款移动应用，以一种快速、美妙和有趣的方式将你随时抓拍下的图片分享彼此。——编者注

② WhatsApp是一款用于手机之间通信的应用程序。——编者注

新药，还是利用算法来预测人的文化喜好，都离不开大量的数据。我们在数字世界里留下的都是像“面包屑”一样的数据，许多算法是有能力学习这些数据的，所以才有了新型的“机器学习”和自动发现技术。这些技术可以让“智能”的机器人和计算机实现自我编程，从基本原理中找到最佳解决方案。

所谓的智能助手是快速发展的人工智能领域的一个分支，苹果公司的Siri语音服务等应用让我们感受到了这个技术的威力。要知道，智能个人助手出现的时间不过才两年而已。今天，语音识别和人工智能的发展突飞猛进，人机交谈将很快成为常态，技术专家所说的“环境计算”（ambient computing）也将成为现实。利用环境计算技术，机器人个人助手可以随时记笔记并回答用户提问。未来，我们的设备将对个人生活产生更大影响，这些设备会聆听我们的想法、判断我们的需求，并在必要时主动为我们提供帮助。

不平等将成为系统性挑战

第四次工业革命在带来巨大好处的同时，也会带来巨大挑战，其中不平等现象的加剧尤其令人担忧。不平等现象加剧所带来的挑战很难量化，因为我们绝大部分人既是消费者又是生产者，所以创新与颠覆对我们生活水平和福祉的影响既有正面的，也有负面的。

最大的受益者似乎还是消费者。第四次工业革命产生了一批新产品、新服务，这些产品和服务可以在不产生任何额外成本的情况下，提高消费者的个人生活效率。如今，预约出租车、查航班、买产品、付费用、听音乐、看电影——所有这些事务都可以远程完成。技术给消费者带来的好处是有目共睹的。互联网、智能手机和成千上万的应用软件让我们生活得更为轻松，也提高了我们的总体工作效率。我们用来阅读、浏览、通信的一台小小的平板电脑，其运算能力相当于30年前5 000台台式电脑的运算能力总和，且其存储信息的成本逐步趋近于零［20年前，存储1GB（吉字节）数据的年费高达10 000多美元，如今平均仅需不到0.03美元］。

第四次工业革命带来的挑战显然主要落在了供应方身上，即劳动和生产领域。过去几年间，在绝大部分最发达的国家以及中国等快速发展经济体中，劳动力对GDP（国内生产总值）的贡献比重均有大幅下滑。这当中有一半是因为创新驱使企业用资本取代劳动力，导致生产设备相对价格出现下滑。[5]

因此，第四次工业革命的最大受益者是智力和实物资本提供者——创新者、投资人、股东，这正是工薪阶层与资本拥有者贫富差距日益悬殊的原因。这一现象也导致很多工人对未来失去希望，认为其实际收入这辈子不会有起色，而他们子女未来的生活也不会比他们这代人更好。

不平等现象加剧以及人们对不公正的日益担忧是个巨大的挑战。对此，我将在第三章中专门留一定篇幅探讨这个问题。此外，所谓的平台效应也在加剧利益和价值向少部分人手中集中。平台效应指的是以数字业务为主的组织通过打造网络平台，匹配多种产品和服务的买家和卖家，从而获得越来越大的规模收益。

平台效应导致的结果是，为数不多但势力庞大的几家平台主宰了市场。它的好处是显而易见的，特别是对消费者而言。通过这些平台，消费者可以获得更高的价值和更多的便利，同时支付更低的成本。然而，这些平台的社会风险也是显而易见的。如果要避免价值和权力落到少数人手中，我们就必须设法平衡数字平台（包括行业平台）的效益与风险，确保其开放性，并为协作式创新提供机会。

这些影响我们经济、社会和政治体制的根本性变革一旦发生，便很难消除，哪怕我们在一定程度上逆转全球化进程，也很难消除其影响。对于所有行业和企业而言，问题不再是“我是否会被他人颠覆”，而是“颠覆会何时到来，会以什么形式出现，对我和我所在的组织会产生怎样的影响”。

颠覆在实实在在地发生，我们也无法逃避其影响，但这并不意味着我们在颠覆来临时就毫无招架之力。我们有责任确立一套共同的价值观，引导政策选择并实施变革，让第四次工业革命成为所有人的机遇。

THE
FOURTH
INDUSTRIAL
REVOLUTION

第二章

驱动革命的三驾马车

哪些技术将成为第四次工业革命的发展动力呢？在这一点上，已有不计其数的机构列出了榜单，对五花八门的技术进行排名。它们所列举的科学突破和新技术似乎无穷无尽，涵盖了多个不同领域和地域。基于世界经济论坛所做的研究和论坛全球议程理事会的工作成果，我甄选出了一些值得关注的关键技术。

大趋势，大机遇，大挑战

所有的新进展和新技术都有一个重要特点：它们很善于利用数字化和信息技术无所不在的力量。本章提及的所有创新成果，无一不是借数字之力得以实现和发展的。例如，倘若没有计算能力和数据分析的进步，基因测序就不可能成为现实。同理，要是没有人工智能，高级机器人就无从谈起，而人工智能本身也高度依赖计算能力。

为明确这些大趋势，全面反映第四次工业革命背后的技术驱动力，我将这份技术名单归为三类：物理类、数字类和生物类。这三个门类相辅相成，各项技术均可从彼此的发明和进步中受益。

无人驾驶交通工具、3D打印、高级机器人和新材料

物理方面的技术大趋势主要表现在如下4个方面，由于这些技术看得见摸得着，最容易被人们所了解：

- 无人驾驶交通工具
- 3D打印
- 高级机器人
- 新材料

无人驾驶交通工具

无人驾驶汽车一直是媒体报道的热点话题，但现在人们还开发出很多其他类型的无人驾驶交通工具，包括卡车、无人机、飞行器和船只。随着传感器和人工智能等技术的进步，所有这些无人驾驶设备的性能迅速提高。不出几年，成本低、可供商用的无人机和潜水器将广泛投入使用。

随着无人机逐步能够感知、对环境做出响应（变更飞行路线以避免发生碰撞），它们将能胜任电缆检查和战地医疗物资运输等任务。再比如，在农业领域，用户通过使用无人机，再结

合数据分析，便能更加精准、高效地进行施肥和灌溉。

3D打印

3D打印又名增材制造，根据数字3D图像或模型，一层一层地打印出实物。古往今来，人们采用的一直是减材制造的办法，即逐层从一件材料上移除内容，直到得出想要的形状。3D打印则是反其道而行之，从散碎的物料入手，然后利用数字模板，打造出3D形状的物体。

这一技术已广泛应用于生产各类产品，大到风电机，小到医学植入材料。当前，其应用主要限于汽车、航空航天和医疗等行业。与规模化生产的商品不同，3D打印产品可以很容易地进行量身定制。当前这个技术还存在体积、成本和生产速度方面的限制，随着这些问题的逐步攻克，未来3D打印的应用范围将变得更加广阔，比如用于制作电路板等集成电子元件，甚至是人体细胞和器官。事实上，研究人员已开始研究4D（四维）打印，这一工艺将创造出可自我调整的新一代产品，能够适应温度和湿度等环境因素的改变。这一技术可用于生产服装、鞋以及医疗卫生相关产品，比如可适应人体个体差异的植入材料。

高级机器人

长期以来，机器人的应用仅限于汽车等特定行业，从事的也是一些控制十分严格的工作任务。然而，从精准农业到护理工作，机器人今天在各行各业的用途不断增多，承担的工作种类也日益多样。机器人技术的快速进步，将使人机协作很快成为司空见惯的事。此外，随着其他技术的进步，机器人的适应性和灵活性也会得到进一步提高，它们在结构和功能设计方面从复杂的生物结构中获取灵感（仿生学工艺的扩展，即对自然世界中的模式和手段进行模仿）。

传感器的进步也使得机器人能更好地解读并适应环境，参与到更多样的工作中去，比如做家务。过去，机器人必须通过自主单元进行编程；如今，机器人可以通过云端来远程获得信息，并接入其他机器人的网络。新一代机器人出现后，很有可能会更加侧重人机协作。我将在第三章讨论人机关系或将引发的伦理和心理方面的问题。

新材料

不少新材料很快都将投放市场，这些新材料具有几年前人们无法想象的属性。总的来说，新材料质量更轻、硬度更大，其可回收性以及适应性也更强。例如，现已投入使用的一些智能材料可以自我修复、自我清洁；一些金属具备记忆，可以恢复到原来的形状；有些陶瓷和水晶可以将压力转化为能源。

与第四次工业革命的很多创新一样，我们很难预知新材料的发展会对我们产生什么影响。以石墨烯为例，这种先进纳米材料的硬度大约是钢的 200 倍，厚度却仅为人类头发丝的百万分之一，而且还是热量和电能的优良导体。[6] 石墨烯一旦能在价格上表现出竞争力（以克来计量的石墨烯是地球上最昂贵的材料之一，微米大小的一片石墨烯的价格就超过 1 000 美元），便能对制造业和基础设施行业形成巨大的冲击。[7] 此外，石墨烯还可能对一些高度依赖某些特定商品的国家产生深远影响。

还有些新材料有望在缓解人类所面临的全球性危机中发挥重要作用。例如，对于一些过去普遍认为无法回收却又广泛用于生产手机、电路板乃至航空部件的材料而言，热固性树脂的创新有望实现这些材料的回收利用。最近，科学家发现了一种名为聚六氢三嗪（PHTs）的新型可回收热固性聚合物，这一发现为发展循环经济做出了重大贡献。循环经济以资源再生利用为出发点，有助于打破发展对资源的高度依赖。[8]

物联网

物联网，有时也称万物联网，是第四次工业革命中联结物理应用与数字应用的重要桥梁和纽带。简而言之，物联网是借助互联技术和各类平台，在物（包括产品、服务与地点等）与人之间建立起来的一种关系。

传感器以及其他可将物理世界中的物品与虚拟网络接连起来的各种方式，正在以惊人的速度传播开来。我们的住房、服饰、城市、交通、能源网络以及生产制造过程都可以安装上体积更小、成本更低、更为智能的传感器。如今，全球接入互联网的设备数量多达数十亿，如智能手机、平板电脑和传统电脑等。未来几年，这一数字有望大幅增加，预计将从数十亿跃升至上万亿。这将有利于我们通过精细化的方式，对资产和活动进行监督和优化，从而彻底改变供应链管理方式。这一过程还会给各行各业带来革命性影响，不管是制造业、基础设施行业还是医疗卫生，所有行业概莫能外。

以在物联网中广泛应用的远程监控为例。如今，所有包裹、货盘、集装箱都可以安装传感器——信号发射器或射频识别标签，有了它们，企业便可以对物品在供应链中的移动情况进行追踪，包括追踪其实际性能和使用情况等信息。同理，顾客也可以对待收包裹和文件进行持续（几乎是实时的）追踪。对于经营复杂长线供应链的企业而言，这无疑具有变革性的意义。在不远的将来，类似的监控系统还将应用于追踪人员的移动。

数字革命正在彻底改变个人与机构之间的互动与协作方式。比如，常被称作“已分配分类账”的区块链就是一种十分安全的交易协议。在区块链中，任何交易在获得记录与批准之前，都必须先由一组电脑进行集体核查。区块链采用的技术无须寻找保管人或中央分类账等中立部门作为中介，通过促成互不认识（没有信任基础）的人进行协作，从而建立信用。从本质而言，区块链是一种可共享、可编程、安全、可信的分类账，任何单一用户都无法控制它，但是所有人都能监督它。

区块链技术最为知名的应用当属比特币，但这一技术很快将衍生出无数其他应用。区块链技术现在可记录比特币等数字货币的财务交易，未来将能为各类事物提供登记服务，包括出生证明、死亡证明、所有权证明、结婚证、学历证明、保险权益证明、医疗程序和投票等。从本质上来说，但凡可以用代码表达的交易都可以用区块链技术进行登记。一些国家和机构已经在调研区块链的应用潜力。比如，洪都拉斯政府正利用这项技术对土地使用权进行管理，马恩岛正测试该技术在公司登记注册方面的应用。

在更广泛的范围内，凭借技术支持，各类平台使得如今所说的共享经济（也称按需经济）成为可能。在智能手机上就可以轻松使用这些平台，将人员、资产和数据汇集到一起，创造出全新的商品和服务消费方式。它们降低了企业和个人创造财富的门槛，也改变了个人环境和职业环境。

优步公司的模式反映了此类技术平台拥有强大的颠覆力。这些平台类企业正在快速成倍地增长，提供洗衣、购物、家务、停车、民宿、长途拼车等各种服务。它们有一个共同点：用十分便捷（低成本）的方式对供需进行匹配，向消费者提供多样化的产品，允许双方互动并给出回馈，这些平台通过这些方式建立信任。这让原本利用率不高的资产（资产持有人先前从未想过自己可以对外供应的那些资产，如私家车上的空座、家中空闲的卧室、零售商与制造商之间的商业联系，以及可以提供送货、家居维修和行政事务等服务的时间或技能）得到有效利用。

共享经济给我们提出了一个根本性问题：究竟什么是值得拥有的，是平台还是平台背后的资产？2015年3月，传媒战略家汤姆·古德温（Tom Goodwin）在TechCrunch网站上发表的一篇文章中写道："全球最大的出租车公司优步没有一辆车，最受欢迎的社交媒体公司Facebook（脸谱网）不制作任何内容，最有价值的零售商阿里巴巴没有任何存货，最大的住宿提供商Airbnb名下没有任何房产。"[9]

在个人或组织共用资产或提供服务的过程中，数字平台极大地减少了交易成本和摩擦成本。现在，每笔交易都可以分为非常细小的份额，各方均可以从中获得经济收益。此外，使用数字平台时，每件额外产品（商品或服务）的边际成本均趋近于零。这对企业和社会有着巨大的意义，我将在第三章进一步探讨这个问题。

生物基因工程

生物领域尤其是基因方面的创新同样令人叹为观止。近年来，从一开始的降低基因测序成本和难度到最近的基因激活与基因编辑，都取得了巨大的进步。过去，“人类基因组项目”花了 10 年以上的时间才完成，耗资高达 27 亿美元。今天，一个基因组的排序仅需数小时便可完成，花费不超过 1 000 美元。[10] 随着计算能力的提高，科学家们再也不需要反复试错，他们可以直接测试特定的基因变异会引起哪些症状和疾病。

下一步是合成生物学的发展。通过编写 DNA（脱氧核糖核酸），合成生物学将赋予我们定制有机体的能力。暂不考虑这一做法可能引发的深刻伦理问题，这些技术进步不论是对于医药、农业还是生物燃料的生产，都将产生深远而直接的影响。

包括心脏病和癌症在内的许多医学难题都有基因的因素，因此，如果我们能以高效、低成本的方式确定一个人的基因构成（将测序设备用到常规诊断之中），就会彻底变革个性化医疗和治疗效果。医生如能掌握某个肿瘤的基因构成，就能制定科学的癌症治疗对策。

尽管我们对基因标记与疾病之间的联系仍然知之甚少，但不断增加的数据将使精准治疗成为可能，有助于开发具有较强针对性的治疗方案，改善治疗效果。IBM（国际商用机器公司）的“沃森”（Watson）超级计算机系统能在短短几分钟之内，将癌症患者的病史与治疗史、扫描结果和基因数据与全球几乎所有的最新医学知识进行比对，进而提出个性化的治疗建议。[11]

事实上，基因编辑技术可应用于一切类型的细胞，可帮助人们创造出转基因动植物，改良成年有机体（包括人类）的细胞。不同于20世纪80年代的基因工程，基因编辑技术比过去的做法更精确、更高效，也更容易应用。实际上，这门科学发展非常快，限制其应用的并非是技术，而是法律、监管和伦理方面的阻力。该技术可以用于改良动物基因，以降低饲养成本或更好地适应当地条件，还可以培育出能耐受极端温度或干旱的粮食作物，基因编辑技术的应用潜力可谓无穷无尽。

随着基因工程研究的深入（如基因编辑与治疗领域CRISPR/Cas9①方法的开发），基因有效递送和特异性方面的制约因素将会得到克服，届时我们将面临一个最直接、最具挑战性的问题，该问题尤其具有伦理上的意义：基因编辑将给医学研究和治疗带来什么样的变革？理论上，人可以对动植物进行基因改造，将其用于生产药物或提供其他形式的治疗方法。对奶牛进行基

① CRISPR/Cas9是细菌和古细菌在长期演化过程中形成的一种适应性免疫防御，可用来对抗入侵的病毒及外源DNA。——编者注

因改造，使得牛奶中含有血友病患者缺乏的凝血因子，这个目标离我们并不遥远。研究人员已经开始对猪的基因组进行改造，以培育适合人体移植的器官（该方法被称为异种移植，之前由于存在人体免疫排斥和人畜疾病传播的风险，人们难以想象这种方法）。

如上文所述，不同技术之间会相互融合、相互促进。未来，3D制造将会与基因编辑相结合，用于制造活体组织，以实现组织的修复和再生。我们将这一工艺称为生物打印，该技术已经用于制作皮肤、骨骼、心脏和心血管组织。最终，打印出来的肝细胞层将用于制作移植器官。

我们正在开发将设备植入人体的新方法，以监测我们的活动水平和血液化学值，了解这些因素与我们的身体健康、精神健康以及工作效率之间存在怎样的关联。此外，我们对人脑功能的认知也有了极大的提高，在神经技术领域取得了鼓舞人心的进展。在进步的背后，我们要看到在过去几年，在全球投入最大的研究项目中，有两个项目都与脑科学有关。

我认为，在形成社会规范、制定合适的法规这个问题上，生物领域面临的挑战无疑是最大的。我们面临着许多新问题，诸如人何以为人？与人体和健康有关的数据和信息，哪些是可以或者说应该与他人分享的？在改变子孙后代的基因密码方面，我们有着怎样的权利和责任？

让我们再回到基因编辑这个问题上。如今，在可存活胚胎内精准操纵人类基因组比过去要容易很多。这也就意味着，未来很可能诞生一些人为设计出来的婴儿，他们拥有某些特质或者对某些疾病有免疫力。不用说，人们正就这些技术带来的机遇和挑战进行讨论。值得一提的是，2015 年 12 月，美国国家科学院和国家医学院、中国科学院、英国皇家学会共同召开了一场“人类基因编辑国际峰会”。面对即将成为现实的基因技术，我们虽然已经有了一些思考，但究竟该如何应对最新基因技术所带来的现实和后果，我们仍未做好准备。这些技术给社会、医学、伦理和心理带来了巨大的挑战，需要我们着手应对，至少应予以充分讨论。

创新的活力

创新是一个复杂的社会过程，我们不能认为创新是理所当然的。因此，尽管这部分着重介绍了一系列有望改变世界的技术进步，我们仍要注意确保此类进步能够继续推进，并引导其朝着最佳结果发展。

人们往往认为，学术机构是探索前沿理念的主要阵地。然而，新的证据表明，受职业激励机制和资金条件所限，如今的大学更偏重渐进式的保守研究，而不是大胆的创新项目。[12]

要破除学术研究上的保守主义，鼓励更多的商业性研究不失为一剂良方。然而，这么做也会带来挑战。2015 年，优步技术公司雇用了卡内基–梅隆大学的 40 名研究人员和科学家，抽走了学校实验室相当大比重的人力，这不仅冲击了学校的研究能力，也给学校履行与美国国防部和其他机构签订的合同带来了巨大的压力。[13]

如果想在学界和商界鼓励开拓性的基础研究和创新型的技术改革，政府就应该投入更多资金资助一些目标远大的研究项目。同样，公私部门在合作开展研究时，也应更关注培养能够造福整体人类的知识与研究力量。

技术引爆点

笼统讨论这些大趋势会让人感觉很抽象，但是这些趋势已经催生出非常实用的应用和发展成果。

2015 年 9 月，世界经济论坛发布了一份报告，指出 21 个技术引爆点（即某些特定的技术变革冲击主流社会的时间节点）将塑造未来高度互联的数字化世界。[14] 这些引爆点预计在未来 10 年内出现，因而正是第四次工业革命所引发的深刻变革的鲜明反映。这些引爆点的确定源于世界经济论坛全球议程理事会“软件与社会的未来”议题组所做的一次调查，全球共有 800 多名来自信息与通信技术行业的高管和专家参与了这次调查。

表 2–1 说明了认为某个特定引爆点将在 2025 年前出现的受访者百分比。[15] 关于每一个引爆点及其正面和负面影响，本书后半部分有更为详尽的介绍。对于初次调查没有涵盖的“定制人类”和“神经技术”两个引爆点，虽然表 2–1 没有介绍，后半部分却专门做了阐释。

这些引爆点为我们提供了十分重要的背景，提醒我们未来可能出现的重大变化，以及我们又该如何进行准备和应对。因为这些变化都是系统性的，所以其影响会进一步放大。我在下一章中将会谈到，如果我们想顺利转型，首先要充分认识正在发生和即将发生的变革，以及它们对全球各个层面的影响。

表 2–1　预计将在 2025 年前出现的引爆点

（%）

10% 的人穿戴接入互联网的服饰	91.2
90% 的人享受免费的（广告商赞助的）无限存储空间	91.0
1 万亿传感器将接入互联网	89.2
美国出现首个机器人药剂师	86.5
10% 的阅读眼镜接入互联网	85.5
80% 的人在互联网上拥有了数字身份	84.4
首辆 3D 打印汽车投产	84.1
政府首次用大数据源取代人口普查	82.9
首款植入式手机将商业化	81.7
5% 的消费品都是 3D 打印而成	81.1
90% 的人使用智能手机	80.7
90% 的人可经常接入互联网	78.8
无人驾驶汽车占到美国道路行驶车辆的 10%	78.2
首例 3D 打印肝脏实现移植	76.4
30% 的企业审计由人工智能执行	75.4
政府首次采用区块链技术收税	73.1
家用电器和设备占到一半以上的互联网流量	69.9
全球拼车出行、出游的数量超过私家车	67.2
出现首座人口超过 5 万但没有红绿灯的城市	63.7
全球 10% 的 GDP 以区块链技术进行存储	57.9
第一个人工智能机器将加入公司董事会	45.2

资料来源：《深度转变：技术引爆点与社会影响》（*Deep Shift–Technology Tipping Points and Societal Impact*），世界经济论坛全球议程理事会“软件与社会的未来”议题组，2015 年 9 月。

THE
FOURTH
INDUSTRIAL
REVOLUTION

第三章

颠覆性影响

正在展开的这一次技术革命规模极大、范围极广，将引发经济、社会和文化多个领域的变革，其影响非比寻常，我们几乎无法预判。尽管如此，本章还是要描述并分析第四次工业革命对经济、企业、政府、国家、社会及个人的潜在影响。

在所有这些领域，最重大的影响之一可能来源于赋权，即政府如何与公民互动；企业如何与雇员、股东和客户互动；超级大国如何与小国互动。因此，随着第四次工业革命颠覆现有的政治、经济和社会模式，被赋权者必须认识到，他们属于一个分散的权力系统，需要在相互交往中加强协作，方能取得成功。

经济：爆发式增长和就业困境

第四次工业革命将对全球经济产生深远的影响，由于影响的范围非常广泛且涉及众多领域，所以我们很难对某个影响进行孤立的分析。事实上，你能想到的所有宏观变量，包括GDP、投资、消费、就业、贸易、通货膨胀等等，都会受到影响。在此，我想重点阐述两个最关键的方面：增长（很大程度上是通过生产效率这一长期决定因素来观察的）和就业。

增长还是衰退?

关于第四次工业革命对经济增长的影响，经济学家们也莫衷一是。一方面，技术悲观主义者认为，数字革命的关键性贡献已经完成，它对生产效率的影响已经到了强弩之末。而反方阵营的技术乐观主义者则称，技术和创新正处于拐点，将很快推动生产效率的大幅上升，加速经济增长。

虽然两方观点都有道理，但我仍然保持务实的乐观主义态度。我清楚技术对通货紧缩的潜在影响（即便被定义为“良性通缩”），及其分配效应是如何轻视劳动力而偏向资本以及挤压工资（由此挤压消费）的。我也看到，第四次工业革命有助于很多人以更低价格享受更多服务，并在一定程度上使消费行为更具可持续性、更加负责。

关于第四次工业革命对增长的潜在影响，我们需要参考最近的经济趋势和其他增长因素。在 2008 年发生经济与金融危机的前几年，全球经济年增长率约为 5%。如果能保持这一速度，全球GDP每 14~15 年即可翻番，从而让数十亿人脱离贫困。

“大衰退”刚结束的那段时间，人们普遍认为全球经济将恢复到先前的高增长态势，但事实并非如此。全球经济似乎止步于3%~3.5%的年增长率，低于“二战”后的平均水平。

某些经济学家已提出“百年衰退”（centennial slump）的可能性，还提到“长期停滞”（secular stagnation），后面这个词是阿尔文·汉森（Alvin Hansen）在美国经济大萧条期间创造的，最近被经济学家拉里·萨默斯（Larry Summers）和保罗·克鲁格曼（Paul Krugman）重新拾起。“长期停滞”描述的是需求持续不足，即便是采取接近零利率的政策也无法扩大需求。尽管这一观点在学术界颇有争议，但其影响却不可小觑。如果这个观点属实，则意味着全球GDP增长可能会进一步降速。假设在极端情况下，全球GDP年增长率滑落至2%，那么将需要36年才能实现翻番。

对于目前全球增长放缓的情况，有很多解释，诸如资本分配不当、过度负债、人口结构变化等。我将在下文分析其中两个与技术进步关系尤为密切的因素，即老龄化和生产效率。

老龄化加速

据预测，2030年前，全球人口将从今天的72亿增长到80亿，到2050年前增长到90亿。人口增长理应扩大总需求，但还有另一个重要的人口趋势：老龄化。传统观点认为，老龄化主要影响西方富裕国家，但事实并非如此。在许多地区，出生率已经低于更替水平。这一现象不只是出现在欧洲（出生率最先下降的地方），还有南美洲和加勒比海大部分地区，以及中国和印度南部在内的许多亚洲国家和地区，甚至还包括中东和北非一些国家，如黎巴嫩、摩洛哥和伊朗。

老龄化会对经济发展构成挑战，因为除非退休年龄大幅提高，让老龄人口继续工作（这是势在必行的经济措施，经济效益明显），否则受赡养老人比例增加的同时，工龄人口就会下降。随着人口老龄化、青壮年人口减少，住宅、家具、汽车、电器等大件商品的购买也会减少。此外，愿意承担创业风险的人也会随之减少，因为老龄工作者倾向于保留必要资产，相对于创立新企业，他们更愿意安享晚年。另一方面，随着人们退休并用光积蓄，从而在某种程度上部分抵消了这种影响，从总体上降低了储蓄和投资比率。

当然，随着老龄化社会适应了形势，这些习惯和模式可能会改变，但总体趋势是，老龄化的世界注定增长缓慢，除非技术革命引发生产效率（简而言之，即聪明工作而非勤奋工作的能力）的大幅攀升。

第四次工业革命可以让我们过上更长寿、更健康、更积极的生活。在如今发达国家出生的婴儿中，超过1/4的人预期寿命可达100岁。在此背景下，我们就必须重新思考工龄人口、退休和个人生活规划等问题。[16]许多国家在试图探讨这些问题时面临很多困难，这进一步说明我们还没有做好准备，未能充分、主动地认识到变革的力量。

生产率悖论

过去10年里，尽管技术进步和创新投资都实现了指数级增长，全球的生产效率（无论以劳动生产率还是全要素生产率衡量）依然止步不前。[17] 生产率悖论的一个最新表现是技术创新未能提高生产效率。这个悖论是当今时代的一个重要经济谜题，在“大衰退”发生之前就出现了，至今尚未有令人满意的解释。

以美国为例，1947~1983 年间，劳动生产率的年均增长率为 2.8%；2000~2007 年的年均增长率为 2.6%；2007~2014 年的年均增长率为 1.3%。[18] 增长率走低的原因主要在于全要素生产率（衡量技术和创新对效率贡献的最常见指标）的降低。美国劳工统计局的数据显示，2007~2014 年，全要素生产率的年均增长率仅为 0.5%，远远落后于 1995~2007 年间 1.4% 的水平。[19] 尽管在近 5 年的时间里，实际利率一直在零利率上下徘徊，但鉴于美国最大的 50 家公司已经积聚了超过 1 万亿美元的现金资产，生产率下滑的现象就更令人担忧。[20]

生产效率是长期增长和生活水平提高最重要的决定因素，因此，如果它在整个第四次工业革命期间停滞不前，意味着我们的长期增长和生活水平都要打折。一方面，数据显示生产效率正在下降；另一方面，我们期望技术与创新的大幅进步能提高生产效率，我们如何才能调和两者之间的矛盾呢?

一种主要观点认为，挑战在于如何通过衡量投入和产出来评估生产效率。在第四次工业革命中创造的新商品和服务，其功能和质量都会显著提高，但其投放的市场与我们过去惯于衡量的市场大相径庭。许多新商品和服务都“没有竞争对手”，边际成本为零，并且（或者）通过数字化平台驾驭竞争激烈的市场，这些导致了商品和服务价格降低。在这样的条件下，由于消费者剩余不再反映在总体销售额或更高的利润中，传统的统计方式很可能无法反映真实的价值增长。

谷歌首席经济学家哈尔·瓦里安（Hal Varian）举了几个例子：通过移动应用打车，或依据共享经济模式租用汽车，这些都提高了效率。其他许多类似的服务一般也能提高资产效率和生产效率，但由于它们本质上是免费的，这些服务在家庭和工作中的价值就无法计算，所以在通过特定服务实现的价值与国家统计的价值增长之间是存在差异的。这也说明，我们实际的生产和消费效率要高于国家的经济指标。[21]

另一个观点则认为，第三次工业革命提升生产率的势头已经减弱，同时第四次工业革命的那波核心技术还没有导致生产效率真正爆发。

事实上，作为一名务实的乐观主义者，我强烈感觉到，我们才刚刚开始感到第四次工业革命对全球的积极影响。我的乐观源于如下三个方面。

首先，第四次工业革命可以将20亿人尚未被满足的需求纳入全球经济，通过为世界各个角落的个人和社区赋权，并将他们彼此连接，扩大对现有产品和服务的需求。

其次，第四次工业革命将大大增强我们处理负外部性问题的能力，以及刺激潜在经济增长的能力。以负外部性较高的碳排放为例。直到不久前政府大力补贴时，绿色投资才具有了吸引力。但形势现在发生了变化：可再生能源、燃油效率和能源储存领域快速的技术进步，不仅让这些领域的投资获利越来越丰厚，有力促进了GDP增长，还有效缓解了一项重要的全球性挑战——气候变化。

再次，如后文所述，许多企业、政府和公民社会领袖都告诉我，他们正在努力改造所在组织，以充分实现数字技术带来的效率提升。我们仍处于第四次工业革命的开端，需要打造全新的经济和组织架构，才能充分实现此次工业革命的价值。

事实上，我认为在第四次工业革命期间，经济的竞争规则与以往不同。国家和企业要保持竞争力，就必须在各方面处于创新前沿，这意味着与过去的低成本战略相比，以创新方式提供产品和服务的战略会产生更好的效果。如我们当前所见，来自其他行业、其他国家的颠覆者与创新者给老牌企业带来了极大压力。同样，如果一个国家没有认识到建立创新生态系统的必要性，那么这个国家今后也会受到来自其他国家颠覆和创新的巨大压力。

总而言之，我认为，结构因素（过度负债和老龄化社会）和系统因素（平台和共享经济的产生，边际成本下降与其他因素的相关性越来越高，等等）将共同发挥作用，迫使我们改写经济学教科书。第四次工业革命有望在促进经济增长的同时，纾解世界各国共同面临的部分重大挑战。但是，我们也需要认识到并管控第四次工业革命带来的负面影响，特别是对不平等、就业和劳动力市场的影响。

被改写的劳动力市场

尽管技术可能对经济增长产生积极影响，但是我们也必须应对其可能产生的消极影响，至少在近期要缓解技术对就业市场产生的负面影响。关于技术影响就业的担忧并非今日才有，早在 1931 年，经济学家约翰 · 梅纳德 · 凯恩斯就曾警告说，当“发现节约劳动力使用的方法的速度，远远超过了我们为劳动力开辟新用途的速度”时，技术就会导致大范围失业。[22] 这个论断被证明是错误的，但是万一这次对了呢？在过去几年，计算机取代了许多工种，尤其是记账员、收银员和接线员等工作，这些事实再次引起了人们对于这个问题的讨论。

在前言部分，我们已经介绍了为什么新技术革命会比前几次技术革命造成更激烈的剧变，主要有如下几个因素：速度（所有一切发生的速度都比以往更快）；广度和深度（许多剧变同时发生）；以及整个系统的全面变革。

鉴于上述因素，我们可以确定一个事实：新技术会大大改变所有行业和职业的工作性质。最不确定的事情是，自动化会在多大程度上取代人工？需要多长时间？会发展到什么程度？

为了理解这个问题，我们必须明白技术对就业产生的两个相互对立的影响：一方面，技术对就业是有破坏效应的，因为技术带来的颠覆和自动化会让资本取代人工，从而导致工人失业，或者把他们的技能用到其他地方；另一方面，这样的破坏效应也伴随着资本化效应：对新商品和新服务需求的增加，会催生全新职业、业务，甚至是全新行业。

作为人类，我们的适应力和创造力都非常卓越，但问题的关键在于资本化效应取代破坏效应的时机和程度，以及这种取代会有多快发生。

关于新兴技术对就业市场的影响，人们的观点基本上可以分为两派：一派是乐观观点，他们认为工人被技术取代后就会找到新的工作，而且技术也会激发新一轮的繁荣；另一派则认为技术会导致大范围的失业，从而导致社会和政治冲突加剧。历史告诉我们，最终的结果会介于两者之间。问题是，我们应该采取何种措施让结果朝着更积极的方向发展，同时帮助处于转型期的那些人？

技术创新总是会淘汰部分工作，但是技术创新又会以其他形式或者在其他地方提供新的工作机会。以美国的农业为例，在19世纪初，90%的劳动力都在从事农业，但是今天这个比例不足2%。不过美国农业人口的巨幅下滑是一个相对平稳的过程，其社会破坏力相当小，只在局部地区出现了失业情况。

应用经济就是创造新就业机会的案例，这个经济模式开始于2008年，当时苹果公司创始人史蒂夫·乔布斯决定让外部开发者为iPhone手机开发应用。截至2015年年中，全球应用经济产生的收入规模预计就超过了1 000亿美元，高于已经存在一个多世纪的电影行业的收入规模。

技术乐观者会问：如果从过去推测现在，为什么这一次就不同了呢？他们承认技术的颠覆性，但是他们也声称，技术最终都提高了生产效率，增加了社会财富，这反过来又会扩大人们对商品和服务的需求，进而催生更多的新工种来满足这些需求。这个观点的实质是：人的需求和欲望无穷无尽，所以满足需求和欲望的过程也无穷无尽。除了正常的衰退和偶尔的萧条，所有人都可以找到工作。

有什么证据可以证明这一点呢？它对我们未来又有什么启示呢？有早期迹象表明，许多行业和工种均已出现可以替代人工的创新技术，在未来数十年，人工很可能被这些创新所取代。

劳动力被取代

许多工种已经实现了自动化，尤其是那些需要机械重复、精准操作的体力工作。许多其他工种也会逐步实现自动化，因为计算能力在持续快速增强。即便是像律师、金融分析师、医生、记者、会计师、保险承保人、图书管理员等各种不同的职业，也可能部分或全部实现自动化，而且这一天会比大多数人的预期来得早。

到目前为止，我们看到的证据是：相较于以前的工业革命，第四次工业革命创造的就业机会似乎变少了。牛津大学马丁学院的技术与就业项目评估显示，21 世纪之初在美国尚未出现的那些行业，现在只接纳了 0.5%的就业人数，这个百分比远远低于 20 世纪 80 年代和 90 年代新生行业分别接纳的大约 8%和 4.5%的就业人数。美国近期的一次经济普查也验证了这一点，揭示了技术与失业之间的关系。普查结果显示：信息和其他颠覆性技术的创新是通过取代现有人工来提高生产效率，而不是创造新产品从而需要更多人力参与制造。

经济学家卡尔·贝内迪克特·弗雷（Carl Benedikt Frey）和机器学习专家迈克尔·奥斯本（Michael Osborne）是牛津大学马丁学院的两位研究人员，他们量化了技术创新对失业的潜在影响，并根据自动化发生的概率，对702个职业进行了排名，涵盖了自动化风险最低（0分表示完全没有风险）和自动化风险最高（1分表示该工作存在被某种计算机替代的一定风险）的职业。[23] 我在表3–1中介绍了自动化风险最高和最低的部分职业。

表3–1　自动化风险最高和最低的部分职业

自动化风险最高的职业	
概率	**职业**
0.99	电话销售员
0.99	报税代理人
0.98	保险鉴定、车辆定损人员
0.98	裁判和其他赛事官员
0.98	法律秘书
0.97	餐馆、休息室和咖啡店工作人员
0.97	房产经纪人
0.97	农场劳务承包商
0.96	秘书和行政助手（法律、医疗和高管助手除外）
0.94	快递员、邮递员
自动化风险最低的职业	
概率	**职业**
0.003 1	与精神健康和药物滥用相关的社会工作者
0.004 0	编舞人员
0.004 2	内外科医生
0.004 3	心理学家
0.005 5	人力资源管理者
0.006 5	计算机系统分析师
0.007 7	人类学家和考古学家
0.010 0	海洋工程师和造船工程师
0.013 0	销售管理者
0.015 0	首席执行官

资料来源：卡尔·贝内迪克特·弗雷和迈克尔·奥斯本，牛津大学，2013年。

这项研究得出结论说，在未来10~20年，美国47%的就业人口可能会面临失业风险。相对于此前工业革命对就业市场的改变，本次工业革命对就业市场的破坏范围更广，速度更快。此外，就业市场两极分化的趋势更为严重：认知性和创造性强的高收入工作机会和体力性的低收入工作机会都会增加，但是常规性和重复性的中等收入工作机会将会大幅减少。

有趣的是，劳动力被取代不仅是因为算法、机器人和其他非人资产能力的增强。迈克尔·奥斯本还注意到，自动化发展的另外一个关键因素是企业近年来在努力更准确地定义并简化它们的工作，以便它们在外包这些工作的时候对其进行“数字化”处理（比如利用亚马逊的网络众包平台“土耳其机器人”）。通过简化工作，算法就可以更好地替代人类，因为各项准确定义的独立任务更便于监控，也可以产生更多更高质量的任务数据，并在此基础上形成更优质的数据库，进而让算法可以替代人工开展工作。

在思考自动化和劳动力被取代现象的时候，关于技术对就业和未来工作的影响，我们应该避免让自己的思维走向极端。弗雷和奥斯本的研究显示，第四次工业革命将必然对全球就业市场和职场产生重大影响，但是这并不意味着我们会面临人与机器对抗的困境。当前的变革是由数字、物理和生物技术的结合推动的，在大多数情况下，这种结合会增强人类能力和认知力，这意味着领导们要对员工进行培训，并开发相关学习模式，让员工可以与那些能力、互联程度和智力水平越来越高的机器一同工作。

对技能的影响

在可预见的未来，自动化风险较低的工作是那些需要社交技能和创造力的工作，尤其是在不确定状态下做出决策和提出创新思想的工作。

但即便是这样的工作可能也不会长久。写作算是最需要创造力的工作之一，但是人们已经开发了自动写作技术。复杂的算法可以根据受众特点，生成相应风格的文章，而且内容看起来很像是人的作品。《纽约时报》最近做过一个测试：被测试者阅读两篇类似的文章，他们根本无法判断哪一篇文章是人创作的，哪一篇文章是机器人生成的。目前，这项技术发展的速度非常快。美国自动写作技术公司（Narrative Science）是一家专业研发创作自动生成技术的公司，该公司的联合创始人克里斯蒂安·哈蒙德（Kristian Hammond）预测，到21世纪20年代中期，90%的新闻将通过算法生成，且其中大部分内容将完全不需要人的参与（当然，算法设计除外）。[24]

在这样一个快速变化的工作环境里，有一种能力对所有利益相关者而言都愈加重要，这个能力便是从知识和技能角度预测未来的就业趋势和需求。不同行业、不同地区会有不同趋势，所以我们应该了解第四次工业革命对特定行业、特定国家的影响。

通过世界经济论坛的2016年“未来工作”研究项目，我们从15个经济体的10个行业中选取了当今最大的企业，针对从现在起到2020年科技对就业、工作和技能的影响，调查了这些企业首席人力资源官的意见。如图 3–1 所示，受访者认为，到 2020 年，对解决复杂问题的能力以及社交技能和系统性技能的需求会远远高于对身体能力和知识性技能的需求。该研究报告发现，未来 5 年是一个关键的转型期：总体来看，就业前景没有太大波动，但是部分行业以及大多数职业技能会发生巨大变化。尽管大多数职业的薪酬以及员工的工作与生活之间的平衡关系预计会稍有改善，但是在一半被调查的行业中，职业安全感预计会有所恶化。在这个过程中，男性和女性受到的影响显然也是不同的，可能会进一步加剧性别不平等（参见专栏 3–1）。

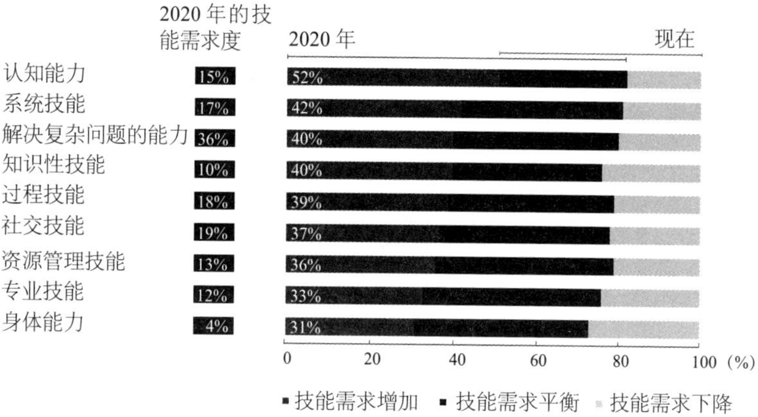

图 3–1　2020 年的技能需求

资料来源：2016 年《未来工作报告》，世界经济论坛。

专栏 3-1　性别差距与第四次工业革命

世界经济论坛2015年发布的《全球性别差距报告》(第10版)揭示了两个令人忧心的趋势：第一，按照当前的进展速度，在全球范围内实现经济领域的男女平等还需要118年的时间；第二，性别平等的进展相当缓慢，甚至可能会止步不前。

鉴于上述趋势，我们必须考虑第四次工业革命对性别差距的影响。随着物理、数字和生物领域的技术变革加速前进，女性的经济、政治和社会角色将会受到怎样的影响？

我们现在要考虑的一个重要问题是，男性主导的职业和女性主导的职业，哪一个面临的自动化风险更大？世界经济论坛的《未来工作报告》显示，这两种类型的职业都可能会发生大规模的失业。尽管制造业、建筑业和安装业等男性主导行业的自动化会导致更多失业，但随着人工智能的能力日益增强，以及服务业可以对任务进行数字化处理，这意味着不论是新兴市场的呼叫中心岗位（这是许多年轻女性员工的生计来源，她们通常也是家庭中首先出来工作的人），还是发达经济体中的零售和行政岗位（这是中低层女性的主要就业领域），都面临被自动化取代的风险。

失业在许多情况下都会产生负面影响，但是如果在那些曾经赋予女性就业机会的领域出现大范围失业，就会引发累计效应，这尤其应该引起我们的关注。具体来说，如果低技能女性是家庭的唯一收入来源，她失业就会让家庭面临风险；即使家庭有两份收入来源，女性失业也会导致家庭收入减少；失业还会导致性别差距在全球范围内进一步扩大。

那么会有新的岗位和职业类型提供给女性吗？在第四次工业革命重塑就业市场的背景下，女性会有哪些新的就业机会呢？虽然我们很难预测尚未出现的行业需要什么样的技能，但是我们还是可以合理推测出这样的结论：市场需要更多能使工人与技术系统共同设计、建造和工作的技能，以及能够填补技术创新空白的技能。

因为男性仍将主导计算机科学、数学和工程等领域，所以对专业性技能需求的增加可能会进一步扩大性别差距。但是那些机器无法胜任的、依赖人类特质和能力（比如同理心和同情心）的工作，其市场需求则可能会增加。比如，在心理学家、治疗师、教练、活动策划、护士和其他医疗工作人员等职业类型中，女性就非常普遍。

现在的关键问题是，如果女性要投入时间和精力去从事那些需要不同专业技能的工作，其相对回报是否合理，因为个人服务和其他目前由女性主导的职业依然可能会面临价值被低估的风险。如果这样的话，第四次工业革命可能会导致男性角色和女性角色之间出现更大分歧，这也可能是第四次工业革命的一个负面结果，因为它不仅会加剧整个社会的不平等，还会扩大性别差距，使得女性在未来的工作中更难发挥自身才能。我们知道，如果一个组织所有层面的团队都能做到男女均衡，组织的创造力和效率就会得到提升，但是如果出现上述的负面结果，那么男女均衡带来的多元化和效益价值都会面临威胁。要知道，在第四次工业革命时代，许多曾经与女性和女性职业相关的特质和能力将更加重要。

我们无法预测第四次工业革命会给男性和女性带来怎样不同的影响，但是我们可以利用经济转型的机遇，重新设计我们的就业政策和商业实践，确保男性和女性都能充分发挥他们的才能。

未来的世界会涌现出许多新的岗位和职业，这不仅是因为第四次工业革命，还因为许多非技术因素，比如人口压力、地缘政治变化、新的社会和文化规范。今天，我们无法精确预测这些因素，但是我坚信关键的生产要素不是资本，而是人才。因此，限制创新、竞争力和增长的因素更有可能是人才的匮乏，而不是资本的短缺。

这可能导致就业市场逐渐分化为低技能的低薪工作和高技能的高薪工作，就像硅谷的作家兼软件创业者马丁·福特（Martin Ford）预测的那样，就业技能这座金字塔的整个底部将逐渐空心化。[25] 如果我们现在不做好应对准备，社会不平等就会加剧，社会压力也会随之增加。

这样的压力也会迫使我们重新思考在第四次工业革命的背景下，“高技能”的含义应该如何界定。从传统意义上来说，技能依赖于高等教育或专业教育，以及在某个职业或专业领域拥有相应的能力组合。鉴于技术变革的速度越来越快，第四次工业革命将更重视并要求员工具有在不同环境下不断自我调整以及学习新技能和新方法的能力。

世界经济论坛的“未来工作”项目研究还显示，对于所在企业的人力资源战略能否应对上述变化，只有不到50%的首席人力资源官表现出了一定程度的自信。这些企业之所以没有采取更为果断的措施，主要有如下障碍：企业对颠覆性变革的性质缺乏了解；人力资源战略与企业的创新战略之间缺乏协调配合；资源制约；以及短期的赢利压力。因此，尽管面临即将发生的巨大变革，但企业为应对这些挑战所采取的措施却少之又少。企业必须要转变思维，才能满足自身的人才需求，缓和变革对社会的不利影响。

对发展中国家的影响

我们还有必要思考一下第四次工业革命对发展中国家的影响。事实上，即使前几次工业革命的成果也尚未惠及世界上所有人（许多人现在还没有用上电、自来水、拖拉机和其他机械设备）。鉴于此，虽然第四次工业革命会对发达国家产生变革性影响，对中等收入国家也产生一定程度的影响，但这并不意味着此次工业革命必然会影响到发展中国家。

第四次工业革命到底会带来怎样的影响还有待观察。在过去几十年，虽然国家内部的不平等在扩大，但是国家之间的差距在大幅缩小。到目前为止，我们看到各经济体之间在收入、技能、基础设施和金融等领域的差距在不断缩小。第四次工业革命会不会逆转这样的趋势呢？还是说我们可以利用技术和快速变革，促进经济发展，甚至是加速实现跨越式发展呢？

我们必须要对这些棘手问题给予足够的重视，即使发达经济体在全力应付自身的各项挑战时也不能忽视它们。不让更多国家和地区落伍并非是道义上的责任，而是一个非常重要的目标。大规模移民等地缘政治和安全挑战会引起国际动荡，而实现上述目标就可以缓解这样的风险。

在第四次工业革命时期，如果低成本劳动力不再是企业的竞争优势，全球制造业就很可能回归发达经济体。一旦发生这样的情况，低收入国家就会面临困境。在世界经济中，依靠成本优势发展制造业是一种常见的发展路径，可以让发展中国家积累资金、获得技术并提高人民的收入水平。一旦这条发展道路走不通，许多国家就需要重新思考其发展模式和工业化战略。发展中国家能否把握并利用好第四次工业革命的机遇对于世界来说非常重要。为了理解、制定和调整相关战略，我们需要进一步的研究和思考。

另外一个风险是第四次工业革命可能在国内以及国家之间导致“赢者通吃”的局面。这种情况如果发生，就会进一步加剧社会紧张局势和冲突，降低社会凝聚力，加剧社会动荡。尤其是在当今时代，人们对于社会不公和国家间生活水平差异的情况更了解，同时也更加敏感。除非公共部门和私营部门的领袖们向公众保证，他们正在实施正确可行的战略改善民众生活，否则社会动乱、大规模移民和极端暴力情况会更严峻，从而对处于任何发展阶段的国家产生威胁。要让人们坚信自己可以通过有意义的工作养活自己和家人，这一点十分重要。但同时我们也必须考虑到：万一劳动力需求不足会出现怎样的状况？万一技能与需求不匹配又会出现怎样的状况？

新型弹性工作革命

15年前，丹尼尔·平克（Daniel Pink）在《自由工作者的国度》（*Free Agent Nation*）一书中描述了未来的工作更像是员工和公司之间的一系列交易，而不是一种持久的关系。[26] 在技术创新的驱动下，这种趋势得以加快发展。

今天，共享经济从根本上改变了我们与工作的关系，也改变了这种经济模式下的社会结构。越来越多的雇主利用“人力云”（human cloud）来完成工作：他们把专业工作细分为多个精确的任务和彼此独立的项目，然后上传到由来自世界各地的工作者组成的虚拟云上。这是新型共享经济，在这种经济模式下，提供劳务的人不再是传统意义上的员工，而是从事特定工作的独立个人。在记者法哈德·曼佐（Farhad Manjoo）为《纽约时报》撰写的一篇专栏文章中，纽约大学斯特恩商学院阿伦·桑德拉拉詹（Arun Sundararajan）教授说：“未来可能会有一部分人通过做各种各样的事情来获取收入——你既可以是优步司机，又可以是Instacart①的采购员，Airbnb的房东，也可以在Taskrabbit②上做临时工。”[27]

---

① Instacart是一家一小时送货上门的网上杂货店。——编者注

② Taskrabbit允许用户雇用其他人去做一些奇怪的工作，允许那些需要额外收入的人利用空闲时间接受临时工作。——编者注

在数字经济时代，企业，尤其是飞速发展的初创企业具有显而易见的优势。因为人力云平台上的工作者都是自由职业者，至少从目前来看，雇主无须为他们支付最低工资、缴纳税收和社会保险。英国MBA公司首席执行官丹尼尔·卡拉汉（Daniel Callaghan）在《金融时报》撰文指出："你可以在任何时间，按照你的方式找到你想要的任何人。而且因为他们不是你的雇员，所以你无须处理与雇佣和合规相关的那些麻烦事。"[28]

对于在人力云平台工作的那些人而言，最大的优势在于自由（是否工作的自由），同时因为他们属于全球虚拟网络的一部分，所以也具有无与伦比的机动性。有些个体工作者认为这样的工作模式压力小、自由度大、工作满意度高，是一种理想的工作状态。尽管人力云还处在发展的初期，但已经有许多传闻表明人力云催生了"无声离岸外包"（无声是因为人力云平台没有上市，无须披露数据）。

这就是新型的弹性工作革命，任何一个人只要接入互联网就可以获得工作，同时技能短缺问题就可以解决。我们不禁要问，这场革命已经开始了吗？还是说在这个无人监管的、由虚拟血汗工厂组成的世界里，这场革命必然会导致逐底竞争？如果是后者——全世界那些朝不保夕的劳动者这个社会群体必须得不停地工作才能养家糊口，与此同时却又没有劳工权、谈判权和职业安全感——这会不会导致社会和政治动荡呢？最后，人力云的发展仅仅是让人类从事的工作加速自动化吗？

我们现在面临的挑战是，我们必须为社会契约和就业合同设定新的形式，以适应不断变化的劳动力队伍和工作性质。我们必须限制人力云的负面影响，避免可能出现的剥削现象，但同时我们也不应压制就业市场的发展，不应阻止人们选择自己的工作方式。如果我们做不到这一点，那么第四次工业革命可能会对未来的工作产生负面影响——社会分裂程度加深，人们的隔离感和排斥感增强。伦敦商学院的管理实践教授琳达·格拉顿（Lynda Gratton）在《转变：未来社会工作岗位需求变化及应对策略》（*The Shift:The Future of Work is Already Here*）中对这一影响进行了阐述。[29]

正如我在本书中始终强调的，选择权掌握在我们自己手中，结果如何完全取决于我们制定的政策和制度。但是我们也必须认识到，在这个过程中可能会出现监管增强的风险，从而进一步增强政策制定者的权力，抑制一个复杂系统的自我调节能力。

目标的重要性

我们必须记住，这并非仅仅与人才和技能相关。技术可以促进效率的提高，这是大多数人想要的结果，但是他们也希望自己并非只是流程中的一个环节，而是希望自己能成就更伟大的事情。卡尔·马克思（Karl Marx）曾表达过这样的忧虑：专业化过程会弱化人对工作的目标感。巴克敏斯特·富勒（Buckminster Fuller）也曾警告说，过度专业化的风险会“关闭宽频带可调谐搜索，导致人们无法进一步发现强大的一般性原则”。[30]

现在，我们身处一个日益错综复杂、专业分工高度细化的时代，人们渴望有目标的参与，这一点在年轻人身上体现得尤为明显。他们经常感觉企业的工作限制了他们寻求生活意义与目标的能力。在当今这个界限日益模糊、理想不断变化的时代，人们需要的不仅是工作与生活的平衡，更重要的是工作与生活的和谐融合。我担心，未来恐怕只有少数人才能在工作中获得这种满足感。

企业：不改变就灭亡

增长模式、就业市场和未来工作的变化会对所有组织产生影响。除此之外，有证据表明，那些推动第四次工业革命的技术正在对企业的领导、组织和资源配备方式产生重大影响，这集中体现为标准普尔500指数覆盖的企业平均寿命越来越短——从60年下降到18年。[31] 另外一个变化是新企业获得市场支配地位、收入达到较高水平所需的时间越来越短。Facebook花了6年时间使其年营业收入达到10亿美元，而Google只花了5年就达到了这个目标。新兴技术几乎都是由数字技术催生和驱动的，在它们的影响下，企业变革的速度在加快，范围在拓展。

我经常和一些全球首席执行官和企业高管对话，上述现象进一步验证了我们对话中的一个基本观点——当今时代信息的泛滥，以及颠覆和创新速度的加快都是很难理解或预料的，它们不断地让我们感到惊讶。在这个环境下，企业领袖能否持续不断地学习、调整并质疑自己对于成功的认知和运营模式，将决定他们能否在下一代企业领袖中脱颖而出。

因此，面对第四次工业革命对企业的冲击，企业领袖的当务之急便是审视自身和自己的组织：是否有迹象表明组织和领导层具有学习和变革的能力？企业开发原型产品、做投资决策的速度是否一直够快？企业文化是否包容创新和失败？我所看到的一切均表明，变革速度只会加快，程度只会更深。所以，领袖们必须诚实而严格地审视自己的组织，分析它是否具有快速灵活的运营能力。

颠覆的源动力

颠覆的来源不同，对企业的影响也不同。在供给侧，许多行业都在引入新技术，以此采用全新方式满足现有需求，极大地颠覆了当前的价值链。这样的例子不胜枚举。在能源行业，新型存储和电网技术将加快行业的去中心化；3D打印技术的普及也会让分布式制造和零部件保养变得更加便捷和便宜；实时信息和资讯将针对客户和资产绩效提供独特见解，从而进一步强化其他技术趋势。

那些灵活的创新型竞争对手也为颠覆提供了源动力，他们利用研发、推广、销售和分销领域的全球性数字平台，以更好的质量、更快的速度和更低的价格为客户提供价值，从而超越现有的成熟企业。因此，许多企业领袖认为他们最大的威胁来自尚不知名的企业。但是，如果你认为只有初创企业才是竞争中的颠覆力量，那你就错了。数字化也让现有的大型企业能够利用现有的客户群、基础设施或技术，进行跨行业颠覆，电信企业进入医疗和汽车领域就是例子。如果你能够对规模加以巧妙利用，规模也可以变成竞争优势。

需求侧的变化也在颠覆着企业：由于透明度增加、消费者参与以及新型消费行为模式的出现（这一切日益取决于对移动网络和数据的应用），企业被迫改变其设计、推广和交付现有的以及新的产品和服务的方式。

总之，我认为第四次工业革命对企业的影响就是，从简单的数字化向更为复杂的创新模式（即以创新的方式综合利用多种技术）转型这种趋势势不可当。数字化是第三次工业革命的特征。这就迫使所有企业重新审视其经营方式，并采取有别于传统的模式。对有些企业而言，如果想占据新的价值前沿，可能需要在相近领域开发新的业务；对另外一些企业而言，则需要在现有行业中发现不断变化的价值点。

但是，核心要义还是一样的。企业领袖和高管要明白，颠覆对企业的需求侧和供给侧都是有影响的，这反过来也要求他们必须质疑运营团队的固有观念，寻找新的运营方式。简而言之，他们需要持续不断地创新。

四大影响

第四次工业革命对各行各业的企业主要有四大影响：

- 客户期望正在改变；
- 人们利用数据完善产品，并由此提高资产的利用效率；
- 随着公司认识到新型合作的重要性，新型合作伙伴关系不断涌现；

• 运营模式在向新数字模式转型。

从数据层面理解客户

不论客户是个人（商对客，B2C）还是企业（商对商，B2B），他们正日益成为数字经济的焦点，而数字经济的核心内容便是如何服务客户。客户期望正在被重新定义为体验。比如，苹果公司创造的体验不仅包括其产品卓越的使用性能，还包括其包装、品牌、购物和客户服务。因此，苹果公司对客户期望的定义还包括产品体验。

传统的人口细分方法正向数字定位转变。基于客户共享数据和互动的意愿，数字技术可以发现潜在客户。随着所有权共享向使用权共享快速转变（这一点在城市尤为明显），数据共享将会成为企业价值主张必不可少的一部分。比如，拼车就需要汽车、公共事业、通信和银行等行业的多家公司对个人和财务信息进行整合。

大多数企业都宣称以客户为中心，我们可以用实时数据和分析来研究其定位和服务客户的方式，从而检验它们是否能做到这一点。数字时代的核心便是获取和利用数据，以此完善产品和体验；在企业不断调整和完善的同时，还要确保这个过程以人的互动为核心。

只有通过多个渠道挖掘数据（包括个人、行业、生活方式和行为的数据），企业才能从细节上理解客户的购买过程，这在以前是无法想象的。今天，数据和度量方法可以提供准实时的关键信息，帮助企业了解客户的需求和行为，从而做出更好的推广和销售决策。

数字化目前的趋势是朝着更加透明的方向发展，这意味着供应链数据更多，消费者可掌握的数据也更多，从而更容易比较同类产品的性能，也就是说权力要向消费者转移。例如，比价网站就为消费者比较产品价格、服务质量和性能提供了便利。对于现在的消费者来说，他们只要鼠标一点或手指一滑，就可以转向其他品牌、服务和网络零售商。企业现在无法再为劣质的产品性能推卸责任。建立品牌资产困难重重，但失去却易如反掌，在一个更加透明的时代，这一点将表现得更加淋漓尽致。

在很大程度上，千禧一代①正引领着消费趋势。我们现在生活在一个随需应变的时代：每天通过WhatsApp发送的消息多达300亿条；[32]87%的美国年轻人说他们随时都会带着智能手机，44%的人每天都会使用手机照相功能。[33]这个时代以点对点分享和用户生成内容为主，是一个活在当下、具有实时性的时代：可以即时获得交通指引服务，也可以要求把生活用品直接送到家门口。不论企业在哪里，也不论客户身在何处，这个“活在当下”的时代要求企业必须实时响应客户需求。

如果你认为所有这一切仅发生在高收入经济体，那你就错了。以中国的网购为例，在2015年11月11日的光棍节，阿里巴巴就处理了高达140亿美元的网络交易额，其中移动端的交

① 千禧一代（1984~1995年出生），他们差不多与电脑同时诞生，在互联网的陪伴下长大。——编者注

易额占68%。[34]另外一个例子是撒哈拉以南非洲地区，它是手机用户增长最快的地区，其移动网络相对于固定电话网络实现了跨越式发展。全球移动通信系统协会（GSM）预计，在未来5年，撒哈拉以南非洲地区将新增2.4亿移动网络用户。[35]尽管发达经济体的社交媒体普及率最高，但是东亚、东南亚、中美洲地区的社交媒体普及率也都高于全球30%的平均水平，并呈现出快速增长的势头。微信是中国的一款文字和语音移动通信应用，仅在2015年年底前的12个月里，它就获得了约1.5亿用户，同比至少增长了39%。[36]

数据改善型产品

随着数字技术被用于完善产品和服务，提高产品和服务的价值，新技术也改变着各类组织对资产的理解和管理方式。比如，特斯拉就可以通过软件的无线升级和连通性，提升已经销售出去的产品（比如汽车）的价值，而不是任其贬值。

除了新材料让资产更具耐久性和抗风险性，数据以及数据分析技术也改变了资产的保养方式。资产自带的感应器具备分析功能，可以让资产始终处于被监控状态，便于主动式保养，实现资产利用效率的最大化。保养方法不再是查找具体的故障，而是利用（基于传感器提供的数据，该数据通过算法监测）性能指标检查设备的运行是否在正常指标范围内，一旦设备异常，就会发出警报。以飞机为例，如果某架飞机的引擎出现了故障，航空公司的控制中心就可以先于飞行员知晓这个情况，向飞行员发出指令，并在目的地提前安排好维修保养人员。

除了维修保养外，数字技术还能够对资产绩效进行预测，这催生了新的商业模式。人们可以衡量和监测资产绩效——数据分析可以让人们了解资产运行的误差范围，便于企业把非核心、非战略性产品外包出去。SAP就是这样的企业，它可以利用嵌入设备的传感器所获得的数据，减少农业设备的停机时间，提高其利用效率。

对资产绩效的预测能力也为服务定价提供了新机会。像电梯和走道这样使用量大的资产，就可以根据资产绩效定价。服务提供商可以在特定时间段内，以99.5%的工作时间为基准，根据资产的实际绩效获取报酬。以货运为例，相对于定期购买新轮胎，按照轮胎使用的千公里数向轮胎制造商付款的这种方案会让长途货运公司更有兴趣。这种方案之所以可行，是因为传感器和数据分析的结合可以让轮胎公司监测驾驶员的绩效、燃料消耗、轮胎磨损等情况，便于轮胎公司提供端到端的服务。

协作式创新

利用数据分析改善客户体验，提供基于数据的服务以及提高资产绩效，都需要以新的形式开展合作，特别是在创新和颠覆层出不穷的当今时代，这个道理不仅适用于成熟企业，也适用于那些充满活力的新生企业。成熟企业常常缺乏相应技能，对不断变化的客户需求也缺乏敏感度，而新生企业则缺乏资金以及成熟企业拥有的大量数据。

世界经济论坛在2015年的《协作式创新报告》中指出，如果企业通过协作式创新的方式分享资源，合作双方和所在经济体均可以获得巨大价值。西门子是一家工业巨头，每年的研发支出高达40亿美元，而Ayasdi则是一家于2008年在斯坦福大学成立的专业从事机器学习的创新企业，同时也是论坛的技术先锋。这两家企业最近建立了合作关系。通过合作，西门子可以利用Ayasdi的力量解决从大量数据中提炼信息的难题，而Ayasdi则可以利用现实中的数据验证其拓扑数据的分析方法，同时扩大市场份额。

但是，这种合作绝非一蹴而就。无论是制定企业战略，寻找合适的合作对象，建立沟通渠道，协调彼此流程，还是灵活应对内外部不断变化的环境，都需要双方的巨大投入。有时这样的合作还会催生类似城市拼车之类的全新商业模式，这些模式需要多个行业的企业合作，共同为客户提供一体化体验。但是，合作链条上的最薄弱环节将会决定合作成效。企业合作不应局限于推广和销售协议，这样才能清楚如何开展全方位合作。第四次工业革命迫使企业思考如何在实践中整合线上与线下世界。

新型运营模式

所有这些影响都需要企业重新思考其运营模式，并相应调整其战略规划，因为企业运营需要更快、更灵活。

如前所述，数字化的网络效应催生了一个重要的运营模式——平台。第三次工业革命见证了纯数字化平台的崛起，而第四次工业革命的显著特征却是与现实世界密切相连的全球性平台的诞生。平台战略不仅可以创造利润，还会产生颠覆性影响。麻省理工学院斯隆管理学院的研究显示，在2013年市值最大的30家企业中，有14家属于平台型企业。[37]

许多行业现在都认识到需要以客户为中心，并利用数据改进产品，在此背景下，平台战略让这些行业的焦点开始从销售产品转向提供服务。越来越多的消费者不再购买或拥有实物，而是选择通过一个数字平台获取产品服务。比如，你可以在亚马逊的Kindle商店里阅读几十亿本电子书，通过音乐服务平台Spotify播放这个世界上几乎所有的歌曲，你还可以加入一家拼车企业，在对车辆没有所有权的情况下依然可以获得车辆的使用权。这种转变有着强大的力量，让经济中的价值交换更加透明、更可持续。但是这种转变却为解决如下问题增添了困难：我们该如何定义所有权？如何管理并参与到无穷无尽的内容中去？如何与那些大规模提供上述服务并日益强大的平台互动？

世界经济论坛通过其“行业数字转型”行动倡议工作，重点介绍了许多旨在把握第四次工业革命机遇的商业和运营模式，上述“以客户为中心”的概念便是其中一种。奈斯派索（Nespresso）①等支持这种模式的企业把重点放在一线的流程上，让员工始终把客户放在第一位。有些企业则通过节俭创新，利

① 奈斯派索是雀巢公司的胶囊式咖啡机及相关产品的品牌。——编者注

用数字、实体和人三个层面互动所赋予的机会，打造新型商业模式。米其林就采取这种方式打造新型优化模式，在降低成本的情况下为客户提供优质服务。

数据驱动的商业模式因为能够在更大的范围内获取有价值的客户信息，所以能够创造新的收入来源，而且为了获取有价值的信息，这些商业模式日益依赖于数据分析和智能软件。“开放而流动”型企业就把自己定位成一个流动的价值创造生态系统的一部分，而“天网”型公司则专注于自动化，常见于危险行业和地点。另外，还有很多公司越来越倾向于这样的商业模式，即采用新技术提高能源和材料的利用效率，从而保护资源、降低成本，并对环境产生积极影响（参见专栏 3–2）。

这些变革意味着企业需要对网络和数据安全系统进行大幅投资，这样才能避免被犯罪分子和激进主义分子干扰，以及防止数字基础设施出现意外失灵。据估计，网络攻击每年给企业造成的损失高达 5 000 亿美元。索尼影视、塔吉特、巴克莱银行和滔客①（TalkTalk）等企业的经历说明，如果企业和客户的敏感数据失控，企业的股价将会受到非常大的负面影响。因此，美银美林预计网络安全市场规模将从 2015 年的 750 亿美元上升至 2020 年的 1 700 亿美元（增长超过一倍），这意味着在未来 5 年，这个行业的年增长率将会超过 15%。[38]

随着新兴运营模式的出现，我们必须从新的技能要求以及

① 滔客是一款安卓平台的智能语音翻译对讲软件。——编者注

吸引和留住合适人才的角度，重新思考人才和文化的问题。在各行各业的决策和运营模式中，数据发挥着关键作用，因此，就业人员需要掌握新的技能，同时企业的流程也要升级（比如利用实时信息），文化也要随之进步。

如前所述，企业还要适应“人才主义”这个概念，这是企业提升竞争力最重要的新兴动力之一。在当今这个时代，人才在战略优势中起主导作用，所以企业需要从根本上重新思考自身的组织结构。企业成功的关键因素将包括：灵活的企业层级结构，衡量和奖励绩效的新方式，以及吸引和留住人才的新策略。企业要想具有灵活性，不仅要确定企业的重点工作，管理好企业的实物资产，同样也要调动员工的积极性，与员工保持沟通。

我认为，成功的企业将会逐步由层级制结构转向更为网络化、更具协作性的模式。在员工和管理层都渴望掌控事态、寻求独立性和工作意义的共同愿望驱动下，工作动机将更加内在化。这意味着企业将日益倾向于围绕分布式团队、远程工作者和具有互动性的集体进行架构，并围绕当前的任务和工作，持续不断地相互交换数据和观点。

有一种新兴的工作场景可以反映这种转变，这种工作模式通过结合可穿戴技术和物联网，让企业逐步把数字与实体体验融为一体，使员工和消费者都能从中受益。比如，如果工人操作复杂设备时遇到问题或面临困境，他就可以利用可穿戴设备帮助自己设计和维修部件。下载和更新互联设备，可以确保在工作现场的工人以及他们使用的设备能够应用最新的发展成果。

在第四次工业革命中，通过云升级软件并更新数据资产的做法已经成为常态，所以人与技能的与时俱进将更为重要。

如何成功颠覆一个行业：数字、物理和生物领域的跨界整合

如果企业能够将数字、物理和生物三个领域整合在一起，就可以成功颠覆整个行业以及相关的生产、分销和消费体系。

优步之所以在许多城市受到追捧，就源于其对客户体验的改善——通过移动设备对车辆位置进行追踪，对车辆情况进行介绍，提供方便的支付体验，从而帮助客户及时到达目的地。优步改善客户体验的方式是，通过优化资产（司机拥有的车辆）的利用效率，将体验与实体产品（把一个人从A点送到B点）捆绑。在这种模式下，数字化机会不仅仅转化为更高的价格或更低的成本，还从根本上了改变了商业模式。这种模式在从服务购买到服务提供的过程中都采用了端到端的方法。

当企业利用数字资产，并以创新的方式整合现有数字平台，将其用来重塑它们与实体资产关系的时候（一个明显的特征便是从所有权转向使用权），这种模式就会产生显著的颠覆效果。上述基于整合的商业模式就充分反映了颠覆的程度。在这些模式所处的市场里，企业不再拥有资产：司机对车辆持有所有权，并让渡使用权；房主让渡房间的使用权。在这两个案例中，企业的竞争优势都基于优质的体验，同时其交易成本和摩擦成本也更低。此外，这些企业能够快速、便捷地匹配需求和供给，绕过了现有成熟企业的商业模式。

这些商业模式在逐步侵蚀现有企业的稳固地位，同时也摧毁了行业之间的藩篱。许多企业高管认为，在未来3~5年，行业集中将成为影响企业的主要力量。[39] 一旦某个客户持续信任某个数字平台，那么这个平台就很容易推出其他产品和服务。

快速崛起的竞争对手打破了传统行业各自为政的局面，取消了现有企业与客户之间的中间环节。相对于传统企业而言，新的颠覆者可以以更低的成本快速扩张，通过网络效应在扩张过程中快速增加经济回报。亚马逊就从一个书商壮大成为年销售额突破1 000亿美元的零售巨头。亚马逊的成长表明，企业只要建立客户忠诚度，洞察客户偏好并具有强大执行力，就可以跨越多个行业销售产品或服务。当然，亚马逊的成长也充分说明了规模效益。

在几乎所有行业，数字技术都为产品和服务的结合创造了全新的颠覆性方式，并在此过程中破除了行业之间的传统界限。在汽车领域，车辆变成了车轮上的电脑，其电子元件占据了约40%的车辆成本。苹果和谷歌都决定进入汽车行业，这表明科技公司现在也可以转型成为汽车公司。未来，随着汽车价值逐步向电子技术转移，技术与授权软件相对于生产汽车本身，将发挥更大的战略性作用。

金融行业也在经历同样的颠覆性变革。P2P（点对点）平台拆除了准入壁垒，降低了成本。在投资领域，全新的“智能顾问”（robo-advisory）算法及相应的移动应用，可以在远低于传统交易成本（相对于传统2%的费用，它们只收取0.5%）的情况下提供咨询服务和投资组合工具，威胁着金融行业的投资市场。金融行业也知道，区块链技术将很快颠覆其传统运营方式，因为区块链技术如果应用于金融，就可以把结算与交易成本降低 200 亿美元，并改变行业的运作方式。共享数据库技术还可以提高许多业务的效率，比如客户账户数据存储、跨境支付、贸易结算与清算。这个技术还可用于目前尚不存在的产品和服务，比如无须交易商参与就可以自动执行的智能期货合同（如果某个国家和企业违约，信贷衍生工具可以自动支付）。

医疗行业也面临着如何整合利用物理、生物和数字技术的挑战。在新型诊断和治疗方法不断涌现的情况下，医疗行业也迫切需要对病历进行数字化，并充分利用从可穿戴设备和植入式技术中采集的大量信息。并非所有行业都受到了同等程度的颠覆，但所有行业都在第四次工业革命力量的推动下，朝着变革的方向前进。因为各个行业的情况不同，其客户群体的人口结构也千差万别，所以变革的进展也不尽相同。但是在一个充满不确定因素的时代，自我调整能力非常关键，如果企业故步自封，就可能会被市场淘汰。

企业要想生存和发展，就需要保持并不断强化其创新优势。所有行业和企业都始终处于“优胜劣汰”的压力之下，因此，“永远在改进”（即不断完善）的理念将会更加普及。这也意味着外部创业者和内部创业者（具有开拓精神的企业管理者）的人数会继续增加。在应对颠覆和创新的时候，中小企业有速度和灵活性的优势。相反，大型企业要想生存，就需要利用其规模优势，通过收购小型创新企业或与它们建立合作，投资生态系统中的创业公司和中小企业。这样，它们就会继续保持业务上的自主性，同时还能保证运营的效率和灵活性。比如，谷歌最近就决定顺应趋势调整公司架构，成立控股公司Alphabet[①]，此举正是为了保持公司的创新精神和灵活性。

最后，如后文详述，研究人员、企业、公民是否愿意开发、投资和利用新兴技术及运营模式为用户创造价值，监管和立法环境将起着非常重要的作用。尽管新技术和创新公司可以提供新产品和新服务，改善许多人的生活，但是支持产品与服务的技术和系统也可能产生负面影响，比如前文介绍的大范围失业和不平等现象加剧，还有自动化武器系统危险、新型网络风险等。

尽管人们对监管机构应该采取哪些组合措施有不同观点，但在我与政界、商界和公民社会领袖的对话中，他们都表达了相同的观点：监管和立法生态应该具备灵活性和责任感，既要鼓励创新，也要把风险控制在最低水平，以确保社会的稳定和繁荣。

专栏 3-2　环境修复与保护

物理、数字与生物世界的融合是第四次工业革命的核心内容，这样的融合为节约资源、提高资源效率提供了巨大机遇。

① Alphabet是谷歌重组后的“伞形公司”（umbrella company）名字，它采取控股公司结构，把旗下搜索、YouTube、其他网络子公司与研发投资部门分离开来。——编者注

正如世界经济论坛为推动全球向循环经济转型所开展的项目“Project MainStream”所示，未来个人、组织和政府不仅有望减少自己对自然环境的影响，而且还很有可能利用技术和智能系统设计来修复并重建我们的自然环境。

要实现这个愿景，核心是要改变企业和消费者“攫取—制造—废弃”的线型资源使用模式，因为这种模式会消耗大量容易获取的资源。企业和消费者应采取另一种新型的工业模式，在这种模式下，材料、能源、人工和信息之间实现高效流动和互动，共同推动建立一个可修复、可再生并且更高效的经济体系。

要实现这个愿景，我们有 4 条路径。首先，借助物联网和智能资产，我们现在可以追踪材料和能源流动，在价值链全程大幅提高资源的利用效率。思科预计，在未来 10 年，物联网产生的经济价值将达到 14.4 万亿美元，而消除供应链和物流中的浪费以及改善它们的流程，就会贡献 2.7 万亿美元。此外，到 2020 年，基于物联网的解决方案将会减少 91 亿吨温室气体排放，相当于 2020 年预计排放总量的 16.5%。[40]

其次，数字化资产带来的信息民主化和透明，让公民拥有了问责企业和国家的权力。区块链这样的技术可以让相关信息更为可信，比如，针对土地上出现的滥伐森林行为，就可以利用通过安全方式获取的卫星监控数据，让土地持有人承担责任。

再次，日益透明的信息和全新的信息流动方式，可以在很大程度上改变公民的行为方式。在全新的商业和社会规范下，选择走可持续的循环经济道路遇到的抵制将是最少的。此外，经济学与心理学的有效融合也可以让我们深度了解人们对这个世界的理解方式、行为方式以及对自身行为的辩护方式。政府、企业和高校开展的大规模随机控制性试验，也证明这样的融合是有效的。比如，OPower公司采用“同伴施压”方法，诱导人们减少电力消耗，在降低成本的同时保护环境。

最后，如前文所述，新型商业和组织模式有望给价值创造和共享带来全新方式，这反过来也会改变整个系统，并由此给自然、经济以及社会带来积极影响。无人驾驶交通工具、共享经济和租赁模式都大幅提高了资产的利用率。在适当的时候，这些模式还会为材料的获取、重复利用和升级利用提供便利。

第四次工业革命将会推动企业延长资产和资源的使用循环（use-cycle）时间，提高它们的利用效率，并建立连续使用流程，方便材料和能源的回收再利用，同时减少过程中的排放和资源消耗。在这个革命性的全新工业体系中，二氧化碳从一种污染性的温室气体变成一种资产，而从经济角度来看，碳捕捉与存储也不再是成本和污染汇集之地，而是成为可赢利的生产设施。更重要的是，这样的资源利用方式可以让企业、政府和公民更了解自然资本再生战略的重要性，并积极参与战略实施，让对自然资本的智能化和再生性使用方式引导可持续的生产和消费，并为濒危地区恢复生物多样性提供空间。

放眼国家和全球

第四次工业革命引发的颠覆性变革正使公共机构和组织重新调整运行方式，特别是迫使区域、国家和地方政府部门自我调整，找到与公众及私营部门合作的新方式。这也影响着国家与政府之间的关系。

我将在这部分分析政府应承担怎样的责任，以掌控第四次工业革命，同时政府还要意识到有哪些持久的力量正在改变人们对于政治家的传统看法及其在社会中所扮演的角色。随着公民被赋予更多权力，社会分裂和两极分化愈加严重，政治体系将随之改变，使得政府治理难度增加，政府工作效率变低。这种变化尤其值得关注，因为政府现在应该与其他相关方一道共同推动建立全新的科学、技术、经济和社会架构。

政府生存之道：积极拥抱变革

在评估第四次工业革命对政府的影响方面，更好地利用数字技术，提高治理水平至关重要。更深入、更创新地应用网络技术能够改善公共管理结构，提高现代化水平，提升整体效果。加强电子政务的推广应用，可以提高透明度、责任制，以及政府和公民的互动程度。同时，政府必须进行自我调整，适应这样的现实，即权力正从国家向非国家行为体转移，从现有的体制向松散的网络转移；新技术以及在新技术推动下产生的社会分组和互动允许任何人发挥数年前不可想象的影响力。

这种权力本质上是转瞬即逝的，对政府产生的影响最大。正如摩伊希斯·奈姆（Moisés Naím）所说："在21世纪，权力更容易获得，却更难行使，也更容易失去。"[41] 毋庸置疑，治理的难度比以前大大增加。除了少数几个例外，政策制定者越来越难以对变革施加影响。这是因为他们受到来自国际、省际、当地甚至个人等其他权力中心的牵制。这种"微观权力"足以对政府等"宏观权力"形成制约。

进入数字时代后，很多维护公共权力的壁垒被打破，导致政府部门的效力和效率降低，这是因为其治理对象——公众可以获得更多信息，期望值也更高。通过维基解密，很多微小的非国家个体可与超级大国开展对抗，这体现了新权力格局的不对称性以及随之而来的公信力的丧失。

要全面、详尽地阐述第四次工业革命对政府的影响，可以专门写一本书。最关键的一点是：技术将为公众表达自己的观点、协调自身行动，并有可能绕开政府的监管提供一种新方式。我之所以说"有可能"，是因为与此相反的情况也可能发生，即随着新的监控技术的发明和应用，公共权力将无处不在。

平行的架构使公众传播理念、招募追随者、协调行动对抗政府成为可能。当前，伴随着新技术带来的竞争加剧、权力下放和再分配，政府现有的形态将不得不发生改变，其以执行政策为核心的职能将逐步弱化。政府将被看作公共服务中心，其能否以最有效、最个性化的方式提供更广泛服务的能力要接受公众的评估。

总而言之，政府进行自我调整的能力将决定其能否继续存在。如果政府积极适应当今飞速变革的时代，使其组织结构具有透明度和效率，政府就会具有竞争力，将继续存在。然而，在这个过程中，政府的形态将彻底被改变，变得更紧凑、更高效，不断适应竞争更为激烈的新环境。

与以往的历次工业革命一样，监管将对技术的适应性和传播力发挥至关重要的作用。然而，政府制定、修改和执行规则的方式不得不改变。在“旧世界”里，决策者有足够时间研究某一特定事物，做出必要反应，或者建立合适的监管框架。整个过程是线性的、机械化的，是一个严格的自上而下的过程。但当前出于种种原因，过去的做法已经不适用了。

第四次工业革命所引发的变革极为迅猛，这让监管者面临前所未有的挑战。当今，各类突发事件让政治、立法和监管机构应接不暇，使它们既难以应付飞速发展的技术变革，也不能参透随之而来的影响及含义。日夜不息的全天候新闻报道给领导人带来了很大压力，要求他们必须立即对突发事件进行评论和反应，导致他们没有足够时间权衡利弊，做出符合原则、妥善精准的反应。这样，事态失控的危险就切实存在了，特别是在当今世界有近200个独立国家、数千种不同的文化和语言共存的背景下，这种危险更无法避免。

在这种情况下，政策制定者和监管者应该如何既不扼杀创新，支持技术发展，又保障消费者和大多数公众的利益呢？灵活治理就是应对之策（参见专栏3–3）。

目前大多数的技术进步并未在现有的监管框架中得以合理规范，有的甚至颠覆了政府和公众长期以来建立的社会契约关系。而灵活治理的意义在于，监管者必须想办法持续地适应快速变化的新环境，重塑自我，加深对治理对象的了解。为此，政府及监管机构需要与商界和公民社会加强协作，共同推进全球、地区和产业的变革。

灵活治理并不意味着监管的不确定性，也不是指政策制定者疯狂、无休止地工作。我们不应错误地认为，我们陷入了两种都不尽人意的立法框架的两难选择，即要么虽稳定但不合时宜，要么符合当下却变化无常。第四次工业革命并不一定需要决策者更快地制定更多政策，而更需要建立一个抗风险力更强的监管体系和立法体系。在制定重要决策的过程中，更大的决策空间和稳定性可以提高灵活治理性。而实现灵活治理需要应对的挑战是，决策的有效性必须比当前大幅提高，同时具有前瞻性，从而为创新提供最大空间。

总而言之，在当今世界，核心公共职能、社会交流和个人信息都汇集在数字化平台上。政府需要通过与商界和公民社会开展合作，共同制定规则，不断检验修订，平衡各方利益。这样才能维持正义，保证竞争和公平，保护知识产权、安全和可靠性。

从概念上来讲，制定规则有两种思路：一是，所有未被明令禁止的都是允许的；二是，所有未被明确允许的都是禁止的。政府的工作思路应该是这二者兼而有之。政府需要学会合作与适应变化，从而保证所有决策都以人为本。第四次工业革命使政府面对一个前所未有的重要挑战，即政府必须在把风险最小化的同时，让创新蓬勃发展。

为了达到这一目的，政府需要更有效地吸引公众参与，广泛推行可进行学习和调整的政策试验。这两方面的任务都能促使政府和公众重新思考各自的角色和互动方式。同时，他们还要承认并理解进行多角度思维的必要性，允许该过程中出现失败和失误。

专栏 3–3　变革时代的灵活治理原则

就业市场

就业市场数字技术和全球通信基础设施飞速发展，使传统意义上的就业和支付活动发生了重大变革，意义深远，很多新职业应运而生。这些职业高度灵活，存在时间短（所谓的共享经济）。这些新的职业允许人们弹性工作，引发了就业市场新一轮创新，但同时也引发了人们对保障性降低的担忧，因为在共享经济中，每位工作者本质上成为合同工，不再享受职业保障，也不能按工作年限获得相应收益。

货币和税收

共享经济同时也引发了税收问题。对于短期从业者来说，进入黑市交易更容易，诱惑力也更大。同时，数字化的支付系统使交易和微型交易更透明，加之新的分散付款方式的出现，使公共机构和私人行业更难追踪交易的源头和目的地。

责任和保护

政府许可的垄断性行业（如出租车行业、医药行业）之所以长期合理地存在，是因为这些行业有高风险的职业特性和高标准的审核要求。只有从业者获得了政府颁发的职业许可证，才能确保安全，保护消费者。然而在当前，技术进步使人们可以进行点对点的平等互动，同时新型媒介的出现能够协调并推动这种互动行为，从而打破了很多政府许可的垄断行业。

安全和隐私

尽管互联网有跨越国境的特点，全球经济也在不断增长，但数据产权和数据保护的相关规定仍呈碎片化，亟待协调统一。虽然欧洲已制定了数据采集、处理和个人数据出售等行为的相关规定，但在其他许多司法领域，相关规定仍很薄弱，甚至完全缺位。大数据的集成使大型网上运营商可以根据网络用户提供的内容（直接或间接内容）推导出更多的信息。通过大数据分析和推理技术推导出的用户特征为开展更具针对性的个性化服务打开了大门。它一方面可使网络用户和消费者获益，另一方面却引起人们对用户隐私权和个人自主权相关重大问题的关注。在网络犯罪和身份盗窃愈加受到关注的背景下，很多执法监管机构在权衡监控和自由之后，往往更倾向于加强监控。美国情报分析员爱德华·斯诺登泄露了关于美国国家安全行动的文件，该事件的曝光就是个例证。

可用性和包容性

随着全球经济越来越电子化，可靠的互联网基础设施成为经济繁荣的关键先决条件。政府需要了解技术进步所能引发的潜力。政府不仅要利用这些技术优化内部运营，也要推广并支持互联网大范围的配备及使用，以推动建立全球互联的信息社会。数字排斥（或数字分裂）问题亟待解决，这是由于人们无法上网、网络不能实现互联，或不具备足够的联网知识而越来越难以参与数字经济或很多新形式的公民活动。

权力不对称

在当今信息社会，信息不对称将导致权力严重不对称，因为任何人只要掌握了知识就拥有了权力。拥有根访问权限的组织几乎无所不能。然而，鉴于现代技术专业性强、潜力大，全面掌握起来极其复杂，那些理解、掌握并精通这些技术的人，和对技术不熟悉、不理解的被动用户之间可能会形成越来越大的鸿沟。

资料来源："在变革时代呼吁灵活治理原则"，世界经济论坛全球议程理事会"软件与社会的未来"议题组，2015年11月。

国家、地区和城市的新角色

数字技术是无国界的。技术产生的地域性影响，以及地域对技术的影响可以引发很多思考。在第四次工业革命中，国家、地区和城市各自将扮演什么样的角色？西欧和美国是否会像前几次工业革命一样引领变革？哪些国家会实现跨越式发展？为了改善社会状态，是否会出现更好、更有效的合作方式？又或者，我们是否会目睹不仅国家之间隔阂加深，甚至国家内部出现分崩离析？当今世界，商品和服务几乎可以在任何地方产生，低端技术需求和低工资水平的职业大量被自动化技术替代，那些有足够支付能力的人们会不会聚集在一些体制强大、生活品质高的国家？

推动创新的规则

为了回答这些问题，明确且重要的一点是，那些在新数字经济［5G（第五代）通信、商业无人机的使用、物联网、数字医疗、先进制造等］的主要领域成功建立了面向未来的国际准则的国家和地区将获得巨大的经济和财政收益。相比之下，一些国家推行自己的准则和规则以使国内的生产者受益，阻碍国际竞争，减少国内企业支付的外国技术专利使用费，定将面临被全球标准孤立，成为新兴数字经济落后者的风险。[42]

如前文所述，国家及地区范围内的立法和执法对于建立一个有利于变革型企业运营的商业生态系统至关重要。有时，一个国家可以通过立法实行闭关锁国。典型案例之一就是 2015 年

10 月欧洲法院（ECJ）做出判决，认定欧美关于自动交换数据的《安全港协议》无效，美国与欧盟国家之间传输个人网络数据属于违法。此项判决无疑增加了企业在欧洲经营活动的合规成本，并成为一个具有跨国争议的问题。

这个案例进一步证明了创新生态体系是竞争力的重要推动因素这一观点。展望未来，高成本和低成本国家之间，以及新兴市场与成熟市场之间的区别将越来越不重要。取而代之的是，经济体是否具有创新能力是其成败的关键。

举例来说，当前从任何角度来讲，北美企业在创新领域一直处于世界领先地位。他们吸引最高端的人才，获得最多的专利，掌握着世界大部分风险投资，一上市即享受高额企业价值。北美领先世界创新的另一个证据是，始终处于以下 4 种协同性技术革命的前沿：能源生产领域的技术导向型创新、先进制造和数字制造、生命科学、信息技术。

北美和欧盟拥有世界上最具创新能力的经济体，引领着世界创新发展。同时，世界其他地区也在快速追赶。比如，对中国在创新领域的综合表现的预测数据表明，随着中国经济增长模式更重视创新和服务，2015 年中国的创新能力已经达到欧盟水平的 49%（2006 年为 35%）。[43] 虽然中国的创新进程起点相对较低，却已逐渐进入全球化生产中的高附加值领域，并正在运用其举足轻重的规模经济优势更好地参与全球竞争。[44]

总而言之，这表明政策选择将最终决定特定国家或地区能否充分利用技术革命带来的机遇。

地区和城市成为创新中心

我特别关注自动化未来会对部分国家和地区造成的影响，特别是那些高增长市场和发展中国家。这些国家原有的比较优势是提供劳动密集型商品和服务，但这些优势会被自动化迅速削弱。这对那些当前经济正蓬勃发展的国家将产生毁灭性的打击。

如果一个国家或地区的城市（创新生态体系）没有得到持续发展，这个国家或地区显然也不会呈现繁荣景象。纵观历史，城市是经济增长、繁荣和社会进步的发动机，对于国家和地区未来保持竞争力至关重要。如今，世界人口逾半数生活在大中型城市，城市居民的数量还在不断增长。很多影响国家和地区竞争力的因素，比如创新和教育、基础设施和公共管理等，都属于城市的范畴。

在灵活治理政策框架下，城市吸纳与采用技术的速度和广度决定了城市吸引人才的竞争力。一个城市若拥有极速宽带，并在交通系统、能源消费、废物处理等领域采用数字技术，就会更高效、更宜居，也就比其他城市更有吸引力。

因此，世界各地的城市和国家都应集中力量，积极发展并利用第四次工业革命依托的信息和通信技术。但不幸的是，正如世界经济论坛的《2015 年全球信息技术报告》所指出，信息通信技术的基础设施既不普及，传播速度也不尽如人意。“世界有一半人口尚未使用移动电话，4.5 亿人的生活区域不在移动信号覆盖范围内；低收入国家中约 90%（全球逾 60%）的人仍不能上网；大部分移动电话应用的是上一代移动技术。”[45]

所以，政府必须大力缩小处于不同发展阶段的各个国家的数字鸿沟，以确保城市和国家具有必要的基础设施，能够通过建立新的合作模式，提升效率，鼓励创业，从而创造经济发展机遇，实现社会共同繁荣。

世界经济论坛关于数据驱动发展的研究还强调，仅靠数字基础设施还不足以把握机遇。另外关键的一点是要解决许多国家的“数据赤字”问题，尤其是在南半球一些国家，数据生成、采集、传输和使用的方式受到限制，解决这一问题也至关重要。解决数据赤字问题，即缩小数据的生成、获取、管理和使用这四方面的差距，才能赋予国家、地区或城市许多其他能力，比如追踪传染疾病的暴发，更好地应对自然灾害，给贫困人口提供更好的公共和金融服务，更好地了解弱势人口的流动模式。[46]

各个国家、地区和城市通过数字技术可以做的事情不单单限于改变监管环境。他们可以积极投资于推动数字转型，以吸引和鼓励创新型企业的创业者和投资者，同时确保现有的企业进行调整以把握第四次工业革命带来的机会。随着有活力的年轻企业和有实力的成熟企业互相之间，以及与公众和大学建立联系，城市就会成为地区性及全球性的创新试验基地和动力中心，将新想法切实转变为商业价值。

根据英国创新慈善机构“国家科技艺术基金会”的研究，政策环境最有助于推动创新的全球前五大城市分别是：纽约、伦敦、赫尔辛基、巴塞罗那和阿姆斯特丹。[47] 该基金会的相关研究还表明，这些城市极其成功地在官方政策框架之外以创新方式实施变革，对新事物持开放态度，作风更像企业家（而不是官僚）。

正是这三个标准造就了当今世界创新城市的典范，它们同样也适用于新兴市场和发展中国家。2013 年，哥伦比亚的麦德林市凭借其在交通和环境可持续性领域的创新行为，击败了另外两个入围城市——纽约和特拉维夫，获得了“年度城市”称号。[48]

2015 年 10 月，世界经济论坛全球议程理事会“城市的未来”议题组发表了一份报告，重点介绍了世界多个城市积极采用创新方案解决各类问题的案例（参见专栏 3–4）。[49] 该报告指出，第四次工业革命的独特之处在于，它是由全球智能型（网络主导的）城市、国家和地区所组成的集体共同推动形成的。这个全球性网络了解并善于利用这次革命的机遇，从全面、整体的角度出发，采取自上而下和自下而上的方式推动革命发展。

专栏 3–4　城市创新

- **可通过数字技术改编程序的空间：**建筑物能够在不同功能之间迅速切换，如剧院、体育馆、社团中心、夜总会等，从而将城市占用的整体空间降至最低，使城市以更少的投入获得更多功能。
- **“水网”：**即管道互联网，在水务系统中装入感应器，监控水流，从而管理整个水循环，为人类和生态需求提供可持续供水。
- **通过社交网络认养一棵树：**研究表明，城市的绿化面积若增加 10%，便可抵消气候变化造成的温度升高。这是因为，植被有助于阻挡短波辐射和水分蒸腾，可以冷却周围空气并创造更舒适的微气候；树冠和植物根系能减少雨水径流，平衡营养盐负荷。

- **下一代出行：**传感器、光学技术和嵌入式处理器的发展，提高了行人及非机动交通工具的安全性，从而可以更广泛采用公共交通，减少交通堵塞，降低污染。公众更健康，出行更便捷，时间更可控，出行成本更低。

- **热电联产、联合供暖和联合制冷：**热电联产机械系统能够回收利用余热，大幅提高能源利用效率。冷热电三联供利用发电余热，既可以为建筑供暖，也可以通过吸收制冷技术为建筑物制冷，如为大量使用计算机的办公楼制冷。

- **按需出行：**数字技术能够提供实时信息，可以前所未有地对城市交通基础设施实施监控，使得车载交通的效率更高。这为通过动态优化算法，开发运用未使用的运力提供了可能性。

- **智能路灯：**下一代LED（发光二极管）路灯可以用作一系列感应技术的设备平台，用来采集天气、污染、地震活动、交通情况和人流出行以及噪声和空气污染等数据。通过将这些智能路灯连成网络，将可以实时掌握城市的运转状况，提供诸如公共安全、辨认可用停车位等创新解决方案。

资料来源：“十大城市创新”，世界经济论坛全球议程理事会“城市的未来”议题组，2015年10月。

空前的国际安全问题

第四次工业革命将对国家关系和国际安全产生深远影响。我之所以在这一部分专门阐述这个问题，是因为我感到在所有与第四次工业革命相关的重要转变中，安全问题未得到深入讨论，无论是在公共领域还是在其他领域（除政府部门和国防部门以外）都是如此。

当今世界的极大危险是世界高度互联且不平等不断加剧，可能导致日益严重的社会分化、种族隔离和社会动荡，从而滋生极端暴力行为的土壤。第四次工业革命将改变安全威胁的特征，同时也影响着权力的交替。权力不仅在地域之间出现变更，也在从国家主体向非国家主体转移。在地缘政治日益复杂的地区，面对具有武装力量的非国家主体的崛起，为应对重大的国际安全挑战而建立共同的合作平台是一个极其关键又严峻的挑战。

互联互通、社会分化和社会动荡

我们生活在一个高度互联的世界，信息、想法和人的流动速度都高于以往。我们所处世界的不平等也在不断加剧，并且这种不平等现象会随着劳动力市场的巨大变化而进一步恶化（如前文所述）。当前，不断加剧的社会排斥现象、人们在现代社会中难以找到生活的意义以及对固有的精英阶层和社会结构的失望，无论这些是人们的感觉还是真实存在的，都已经激起了极端主义运动，促使他们招募人员，试图暴力对抗现有体制（参见专栏 3–5）。

高度互联并不会必然导致社会的容忍度提高或适应性增强，如人们对2015年人类史无前例的悲剧性迁移的态度就是例证。然而，高度互联也有可能增进人们对差异的理解和接受程度，并由此实现求同存异，这有助于促进不同群体的人走到一起，而不是分道扬镳。如果我们不朝着这个方向努力，就会导致更为严重的社会分化。

专栏3-5　流动性与第四次工业革命

人类在全世界实现自由流动，这既是一个重大现象也是财富的巨大推动力。第四次工业革命将对人类的流动产生何种影响？现在定论也许为时尚早。但通过解读当前的趋势，可以看出在未来的经济和社会中，人类流动行为将比以往发挥更为重要的作用。

- **实现人生愿望：**随着互联程度加深，人们对其他国家的事件和机遇的认知度不断提高，日益将人的流动性视为在人生某一个时期必须做出的人生抉择，对于青年人来说尤其如此。虽然每个人的动机大不相同，有的为就业谋生，有的渴望读书，有的为寻求庇护，有的期待与家人团聚，但都更愿意向远方找寻解决方法。

- **重新定义个人身份：**过去人们通常依据地点、种族、文化甚至语言来定义自己的身份。随着网络互动的出现以及人们日益接触其他文化的信息，个人身份比以往更容易改变。现在人们更愿意拥有并管理多重身份。

• **重新定义家庭身份：**由于当今人类迁移模式和低成本互联的共同作用，家庭结构也被重新定义了。家庭成员不再受空间限制，即使远跨国界也可以经常通过数字技术保持对话。传统的家庭单位正在逐渐被跨国家庭取代。

• **劳动力市场的重新布局：**劳动力的流动有可能会改变国内劳动力市场，对其产生积极或消极影响。一方面，发展中国家的劳动力就是一个人力资源库，各级技术水平的劳动力可以满足发达国家自身的需求缺口。人才流动是创造力、产业创新和工作效率的推动力。另一方面，移民为当地劳动力市场注入新成员，但如果管理不力，会在接收移民的国家造成工资分配不合理和社会动荡，同时也使移民的母国丧失宝贵的人力资本。

数字革命为通信和人类流动带来了新机遇，弥补了实体“移动”的不足。第四次工业革命也将产生类似的影响，因为物理、数字和生物世界的融合会不断突破时间和空间的局限，有助于人类流动性增强。因此，这次革命面临的挑战之一就在于管理好人类的流动行为，以确保充分获得人类流动所带来的益处。要实现这一目标，就应将国家的主权和义务与个人的权利和愿望相结合，保障国家和个人的安全，在日益多元化的社会中努力维护社会和谐。

资料来源：世界经济论坛全球议程理事会“移民”议题组。

冲突的性质正发生改变

第四次工业革命不但将改变冲突规模，也将改变其特点。战争与和平、战斗者与非战斗者之间的界限变得越来越模糊。同样，战场日益变得兼具本地化和全球化性质。例如，类似于“伊斯兰国”的恐怖组织虽然主要在中东地区活动，但却通过社交媒体从100多个国家招募成员，其实施的恐怖袭击可以遍及全球。现代冲突的性质变得愈加复杂多样，既包含传统的战争技巧，也带有旧时代非政府武装力量的特征。然而，随着科技发展与军备技术日益不可思议地结合在一起，以及政府武装力量与非政府武装力量之间相互借鉴，随之而来的改变程度将难以预料。

在这个过程中，第四次工业革命使人们更容易获取和采用新型的致命技术，从而可以采取更多手段对他人造成严重伤害。人们认识到这一点后会产生更强烈的不安全感。

我们不必彻底悲观失望。科技发展同样有助于在战争中实现精准打击，有利于研制高精尖的战争防护设备，还可以在战场上利用打印技术制造核心部件等。

网络战争

网络战争是当前我们面临的最严峻的威胁之一。过去，战争发生在陆地、海洋和天空。而现在，网络空间也已经成为战争场所。我可以有把握地假设，在未来世界，如果冲突双方都处在较为先进的水平，那么冲突则不一定在现实世界中发生，而极有可能存在于网络空间。原因很简单，现代社会中，对抗方将无法抗拒破坏、迷惑或直接摧毁敌人的传感器、通信设备和决策能力的诱惑。

这样一来，不但战争的门槛降低了，战争与和平的界限也模糊了，因为任何网络或互联设备，从军事系统到民用设施，如能源、电网、医疗、交通管控和供水系统等，都会成为网络入侵和攻击的对象。对手的概念也发生了变化。与过去不同的是，你可能不知道受到了谁的攻击，更有甚者，你有可能根本察觉不到被袭击了。在过去，国防、军队和国家安全战略主要集中对付有限数量的传统敌对国家。但现在，难以分辨的黑客、恐怖分子、激进分子、罪犯以及其他可能的对手不计其数。

网络战争的形式也多种多样，既可以是犯罪行为、间谍活动，也可以是像蠕虫病毒一样的破坏性网络攻击行为。网络攻击是新事物，难以应对，因此经常被低估和误判。

2008 年以来，针对某些国家和企业的网络攻击多次出现。但当前对于这种新时代战争的讨论仍处于初级阶段，而精通网络战争相关高端技术的人，与制定网络政策的人之间的距离正日益拉大。以后是否会针对网络战争出现一套共同准则，类似于针对核武器和生化武器制定的规则，还有待论证。现在，我们对于网络攻击的定义、合理的应对措施，以及应该由谁以何种方式应对，都还没有明确的界定。应对这种情况的措施之一，就是明确界定跨国传输的数据类型。这表明，在当今互联性增强的世界，既要不影响由此带来的积极成果，同时要有效管控跨国网络交易，还任重道远。

自动化战争

自动化战争包括部署军队机器人和自动控制武器装备在内，是“机器人战争”的前景，它将改变未来冲突的格局。

随着越来越多的国家、企业有能力发射卫星，使用无人水下设备破坏光纤电缆，干扰卫星运行，海床和宇宙空间也有可能越来越军事化。犯罪团伙已经在使用整装购买的四角直升无人机跟踪并攻击对手。此外，具有自动识别目标和自动射击能力的自动化武器成为愈加切实可行的战争手段，将对战争法则提出现实挑战。

专栏 3-6　新兴技术正改变国际安全

• **无人机**：无人机实际上就是会飞的机器人。当前，美国处在无人机技术的领先地位。无人机技术正在广泛传播，价格会越来越低廉。

• **自动化武器**：无人机技术与人工智能的结合有可能使武器实现无人操控，可以根据预设标准，自主选择目标并实施打击。

• **太空军事化**：当前使用的卫星中有一半以上是商用卫星，但这些绕轨道运行的通信设备正越来越广泛地用于军事目的。新一代超音速“滑翔”武器也可归入这一范畴，进一步提高了太空日后成为冲突战场的可能性，同时也使人们日益担心，当前用于规范太空活动的体制和机制将不合时宜。

• **可穿戴设备**：可穿戴设备可改善人在极端压力下的身体状

态，或通过外骨骼之类的装备提升作战人员的表现，让他们可以毫不费力地负重90公斤。

- **增材制造**：增材制造可实现替换零件的数字传输设计、因地选材和现场制造，这将引发供应链革命。由于该技术可以更精确地控制微粒的大小和引爆，也可以用于研发新型导弹弹头。

- **可再生能源**：有助于实现本地化发电，改革了供应链，提升了按需发电的能力，甚至在偏远地区也可实现。

- **纳米技术**：纳米技术被越来越多地应用于制作超常材料和智能材料，这些材料具备天然材料无法具备的特性。纳米技术可优化武器装备，使其更轻便、更灵活、更智能也更精准，并最终实现自我复制和组装。

- **生物武器**：生物战的历史几乎与人类战争的历史一样长，但是生物技术、遗传学和基因组学的快速进步预示着高度致命的新型武器即将出现。空气传播病毒、改造超级细菌、转基因瘟疫等都可能招致世界末日的来临。

- **生化武器**：和生物武器一样，该领域科技创新的发展使得组装此类武器几乎已经简易到可自助完成。而无人机可用来实施生化武器投递。

- **社交媒体**：虽然数字媒介可为正义事业提供传播信息、组织活动的新机遇，但同样也被用来传播不良内容，进行恶意蛊惑。像“伊斯兰国”这样的极端恐怖组织就主要通过社交媒体招募追随者，部署行动。年轻人是易受影响的群体，特别是缺乏社会稳定支持的年轻人更容易被蛊惑。

专栏 3–6 中描述的很多技术都已存在或已开始运用。比如，三星公司制造的SGR-A1 机器人配备了两支机关枪和一支橡皮子弹枪，现在朝韩非军事区的边界岗哨服役。虽然它们目前是人为操控的，但经过编程后便可自动识别并锁定目标人物。

2015 年，英国国防部和BAE系统公司宣布“雷神”隐形飞机（又称“猛禽”飞机）试飞成功。除非有特殊要求，否则这款飞机可以在无人操控的情况下起飞、到达预定目的地并锁定预设目标。此类例子还有很多。[50] 这些新兴技术共同作用会使效应扩大，在地缘政治、军事战略战术、法规和道德等交叉领域引发重大问题。

全球安全领域的新前沿

我在本书中曾多次强调，对于新技术的无穷潜力和未来，我们的想象力是极为有限的。对于全球安全和国家安全也是如此。我们能够想到的每一项创新除了具有积极的功用之外，都可能有黑暗的一面。以神经技术为例，神经义肢学已经进行了临床应用，未来还可能用于军事目的。将计算机系统与脑组织相连，就可以让残疾人控制机械臂或机械腿，也可以用于指挥仿生飞行员或士兵。用于治疗阿尔茨海默症的大脑仪器可以移植给士兵，用于消除记忆，并产生新的记忆。“现在的问题不是非国家主体或人员是否会采用神经技术，而是何时采用以及采用哪些技术的问题。”乔治敦大学医疗中心的认知神经学家詹姆斯 · 佐丹奴（James Giordano）表示，“大脑将是下一个战场。”[51]

这些创新成果多数都可以被人们应用，且有时候不受监管，由此会产生很重大的影响。就当前的趋势来看，以前只有政府和极其高端的组织才具备造成大规模伤害的能力，而现在这种能力正迅速广泛地大众化。从3D打印武器到家庭基因工程实验室，大量新兴技术制造的破坏性工具正变得越来越容易获得。随着这些技术的普及，难以预知的力量将应运而生，并挑战现有的法律和道德框架。这也正是本书的一个关键主题。

建立一个更安全的世界

面对这些挑战，我们应该如何说服人们重视新兴技术引发的安全威胁？更重要的是，我们能否促使公共部门和私营部门开展世界范围的合作，共同应对这些威胁？

20世纪下半叶，人们对核战争的恐惧逐步被相对稳定的“相互确保摧毁”战略[①]所取代。“核禁忌”似乎也随之出现。

如果“相互确保摧毁”战略的逻辑奏效，这是因为仅有少数集团拥有完全摧毁对方的能力，而且又处于相互制约的平衡状态。但是，一旦具有潜在致命性的主体大幅增多的话，这种平衡状态就被打破了。这就是为什么拥有核武器的国家同意合作，将所谓的核俱乐部控制在较小规模，并于20世纪60年代后期谈判签订了《不扩散核武器条约》。

在谈判过程中，苏联和美国虽然对很多条款存在不同意见，但它们都清楚地知道，双方都处于可被对方攻击的状态才是自我保护的最佳手段。《反弹道导弹条约》由此诞生，它有效地限制了对导弹发射核武器采取防御措施的权利。当破坏力不再

---

① “相互确保摧毁”战略是美国核战略的一种，是灵活反应战略的组成部分。——编者注

只限于少数几个在防止对抗升级方面具有大体相似资源、战术和利益的组织的情况下，“相互确保摧毁”战略也就没有什么意义了。

在第四次工业革命的推动下，它带来的改变能否让我们寻求建立其他类似的平衡，由易受攻击的状态转变为稳定安全？视角不同、利害关系不同的主体需要达成暂时妥协，进行合作，以避免负面效应扩散。

利益相关方必须合作，建立具有法律约束力的框架，以及以平等关系为基础的具有自我约束力的准则、道德标准和机制，从而既能控制具有潜在破坏力的新兴技术，又不阻碍创新型研究和经济增长。

制定相关的国际条约无疑是必要的。但我担心，由于技术发展速度快、影响力广，条约制定者会发现自己总是落后于技术进步。因此，他们应该与教育工作者进行对话，商讨适用于第四次工业革命的那些新兴技术的道德标准，并建立共同的道德准则，将它们根植于社会和文化中。如果政府和政府所属机构落后于监管对象，那么实际上就应由私营部门和非国有主体发挥带头作用。

不难理解，军事部门和新型战争技术所属的范畴相对孤立。但我担心的问题是其他行业，如基因医学和研究也有可能成为被孤立的、高度专业的领域，从而削弱我们集体讨论、了解以及应对挑战和机遇的能力。

前所未有的社会变革

人们在各种不同背景下相互交流思想、价值观、兴趣和社会准则，才实现了诸如科学进步、商业发展和创新普及等社会进步。因此，很难理解新技术体系对社会的全面影响——社会的构成元素彼此交织，而它们又共同催生了很多创新。

大多数社会都面临着一个重大挑战，即如何在吸收和适应现代新事物的同时，又不摒弃我们传统价值体系的精华内容。第四次工业革命考验着我们诸多的基本认知，会恶化以下两类群体间本就已紧张的关系：一类是维护自我基本价值观的虔诚宗教群体；另一类则是具有更世俗化的世界观和信仰的群体。全球合作与稳定所面临的最大威胁也许就源于极端组织，他们会采取源自意识形态的极端暴力行为抵制进步。

正如南加州大学安纳伯格传播与新闻学院中专门研究传播技术与新闻的教授、社会学家曼纽尔·卡斯特利斯所说："在发生重大技术变革的每一个时刻，所有人、企业、机构都能察觉到变革的深刻，但他们往往因为对其影响的无知而不知所措。"[52] 由于无知而不知所措的现象恰恰是我们要避免的，特别是考虑到组成现代社会的各个群体是如何形成、发展并相互关联时更要注意。

此前，我们讨论了第四次工业革命对经济、商业、地缘政治和国际安全、地区和城市带来的不同影响，也就很清楚这场新技术革命将给社会造成多重影响。在后文中，我将探讨推动变革的两种最主要力量：一是不平等现象可能加剧的前景给中产阶层带来的巨大压力；二是数字媒体对社群的形式和相互关系产生的巨大影响。

不平等问题与中产阶层

在针对经济和商业影响的讨论中，我强调了某些结构性变化会使不平等现象加剧，且会随着第四次工业革命的到来日益恶化。机器人和电脑程序逐渐取代了劳动力资本，投资活动（准确地说，在数字经济中创业）的资金密集程度变低。同时，劳动力市场向有限的技术领域倾斜。全球互联的数字化平台和市场正在给为数不多的“明星”个人或企业提供巨额收益。在这样的趋势下，只有提出新想法、创建新商业模式、推出新产品和新服务的人才能在创新驱动的生态系统中取胜，而从事低技术含量工作的劳动力和普通资本将被淘汰。

正是因为这些动态因素的出现，人们才会认为，技术是造成高收入国家大部分人的收入停滞甚至减少的重要原因之一。当前，世界确实存在严重的不平等现象。根据瑞士信贷银行发布的《2015全球财富报告》，世界上有一半财富掌握在最富有的1%的人口手中，而“全世界较贫困的50%的人总共才拥有不到1%的全球财富”。[53] 经济合作与发展组织（OECD）的有关报告指出，该组织成员国中最富有的10%的人的平均收入大约是最贫困的10%的人收入的9倍。[54] 此外，大部分国家的不平等状况还在加剧，即便是那些所有收入群体都实现了快速增长，且贫困人口大幅减少的国家也不例外。例如，中国的基尼系数就从20世纪80年代的30左右增加到2010年的45以上。[55]

不断加剧的不平等不仅是令人担忧的经济问题，还是一个严峻的社会挑战。在英国流行病学家理查德·威尔金森和凯特·皮克特共同撰写的《精神水平：为什么越平等使社会越强大》（*The Spirit Level: Why Greater Equality Makes Societies Stronger*）中指出，有数据证明，不平等的社会暴力现象更多，在押犯人更多，精神疾病患者和肥胖人口也更多，人的寿命更短，信任程度更低。他们研究发现，在对平均收入进行调控后就会提高社会平等程度，从而使得儿童身心健康状况改善，压力和吸毒现象减少，婴儿死亡率降低。[56]其他研究人员发现，不平等现象越严重，社会分化现象就会加剧，儿童和年轻人的教育成果也会减少。[57]

虽然实验数据尚不确定，但关于不平等越严重就越有可能导致社会动荡的恐惧仍广泛存在。在世界经济论坛的《2016年全球风险报告》中，共提到29项全球性风险和13个全球性趋势，其中不断拉大的收入差距，失业或不充分就业，以及严重的社会不稳定之间存在最密切的关联。接下来，我会继续讨论的是，在高度互联的世界中，人们有更高的期望值，如果人们感到取得成功或实现人生意义希望渺茫的话，重大的社会风险便会随之而来。

如今，一份中产阶层的工作不再能保证中产阶层的生活水平。在过去的20年中，决定中产阶层地位的4种传统因素（教育、健康、养老金和住房所有权）的作用都敌不过通货膨胀这一项。在美国和英国，教育成本堪比奢侈品。在“赢者通吃”的市场经济中，中产阶层感到越来越力不从心。这种经济体制下所积累的民主不满情绪和放任态度将使社会挑战更严峻。

社群影响

从更广的社会角度来看，数字化最大（也最明显）的影响之一就是出现了“以我为中心”的社会。在这个过程中，形成了个人主义、新型的从属关系及社群。不同以往的是，现在从属于某个社群的概念更多地由个人行为、价值取向和兴趣决定，而不仅仅由地理位置（当地社区）、职业和家庭决定。

新型数字媒体是第四次工业革命的核心组成部分，对我们个人和集体构建社会及社群产生着越来越大的推动力。数字媒体以全新的方式将人们以“一对一”及“一对多”的形式联系起来，让用户得以超越时间和空间维系友谊，创建兴趣小组，让志同道合的人们突破社会和现实障碍建立联系。数字媒体的实用性、低成本和地理中立的特点也推动了社会、经济、文化、政治、宗教和意识领域之间更密切的互动。

网络数字媒体给很多人带来了实质性的好处。它除了提供资讯（比如，难民在逃离叙利亚时使用谷歌地图和Facebook群组，不但可以策划行程路线，还免于被人贩子剥削[58]）之外，还给个人提供了作为公民参与讨论和决策过程的权利。

但不幸的是，第四次工业革命在向公民赋权的同时，也在损害公民的利益。世界经济论坛《2016年全球风险报告》阐述了“公民被赋权和剥夺权利”现象，即随着政府、企业和利益群体采用新兴技术，公民和社群被赋权的同时也在被剥夺权利（参见专栏 3–7）。

数字媒体具有的民主力量意味着它可以被非国家主体运用，特别是那些以恶意散播谣言、鼓动追随者支持极端主义行动为目的的群体。近年来“伊斯兰国”及其他精通社交媒体的恐怖组织有所抬头，从中可见数字媒体的作用。

使用社交媒体的典型特征是分享，但这一特性也暗藏着危害——能够扭曲决策，并给文明社会带来风险。与人们的直觉相反的是，虽然数字渠道提供了很多媒介，但人的信息来源反而变得狭窄且单一，这就是麻省理工学院从事科技社会研究的教授、临床心理学家谢里 · 特克尔所称的“沉默螺旋理论”。这是个值得关注的现象，因为正是我们在社交媒体上读到、见到并分享的这些内容影响着政治和社会决策。

专栏 3–7　公民被赋权和剥夺权利

“公民被赋权和剥夺权利”描述了两种相互作用的趋势所形成的动态关系：一方面权利被扩大，另一方面权利被削弱。个体会觉得被技术变革授予了更多权利，因为他们获取资讯、进行沟通、组织活动变得更容易，从而丰富了其参与公民生活的途径与方法。但同时，个人、公民社会团体、社会组织和当地社区越来越深刻地感受到被投票、选举等传统的决策程序排除在外，失去了有效参与的能力，其影响力和发言权被支配机构忽视，在国家和本地治理中的权利日渐弱化。

极端情况下，政府或许会采用多种技术手段，对公民社会机构和个人组织力图提高政府和企业行为透明度并推动变革的行为予以压制。已有证据显示，在当今世界很多国家，随着政府推出法律和法规来限制公民社会的独立性并约束其活动，公民社会的空间逐步缩小。第四次工业革命使得很多与建立健康开放的社会背道而驰的新型监控手段诞生。

资料来源：《2016年全球风险报告》，世界经济论坛。

举例来说，一项关于Facebook上“动员投票”帖子的影响力的研究指出：“网络传播使投票者直接增加了约6万人，通过社会传播间接增加了28万人，即总共使参与投票的人数增加了34万。”[59] 该研究突出了数字媒体平台对于选择并推广我们采用的网络媒介的威力。同时也表明，可运用网络技术将传统形式的公民活动（如选举当地的、地区的和国家级的代表等）与创新方式相结合的契机，赋予公民在社区决策等方面发挥更直接的影响力。

本章阐述了第四次工业革命多方面的影响，显而易见的是，几乎每一领域都是机遇与风险并存。世界处于变革之中，我们的一项关键任务就是如何采集更多、更准确的数据，以了解社区凝聚力所能带来的益处和面临的挑战。

无孔不入的技术

第四次工业革命不仅正在改变我们的行为，也在改变我们自身。它对每个个体都产生了多方面的影响，包括我们的身份认同及其相关方面，如隐私保护意识、所有权观念、消费方式、工作与休闲时间的分配以及如何发展职业生涯、学习技能。它将影响我们待人接物和维系人脉的方式、我们赖以生存的阶层、我们的健康状况，并且可能还会以超出我们预想的速度增进人体各方面的机能，从而引发我们对自身存在的反思。人类世界在以前所未有的速度飞速发展之时，这些变化使我们既兴奋又恐惧。

迄今为止，科技主要使我们得以更简单、快捷和高效地处理问题，同时也为个人能力的发展提供了机会。但我们也开始意识到，科技为我们带来更多便利的同时也伴随着更多风险。由本书已列出的诸多理由可以得知，我们正处于一场彻底的全面变革的起点，而全人类需要不断地去适应这场变革。最终，我们会看到世界上变革的拥护者与反对者之间的分化程度或将不断加剧。

这将导致另一种不平等现象的出现，甚于之前所述的社会不平等。这种切实存在的不平等会使变革的拥护者和抵触者分开阵营，产生实际的绝对赢家和输家。赢家甚至可以受益于第四次工业革命对人体机能的改进（如基因工程），而输家只能与其失之交臂。但这其中也隐藏着风险，可能会引发前所未有的阶层冲突和其他矛盾。随着生长于数字时代的一代人与被迫适应数字时代的一代人之间出现代沟，这种潜在分歧及其引发的紧张局势还会继续加剧。此外，这种不平等还会引发大量道德伦理问题。

身为一名工程师，我是狂热的技术爱好者和先行者。然而，跟许多心理学家和社会学家一样，我并不清楚与生活中不可阻挡的技术融合会如何影响我们对身份认同的理解，又是否会削弱人性中的发光点，如自省、同理心及同情心。

身份认同、道德与伦理问题

从生物技术到人工智能，第四次工业革命引发的爆炸式创新重新定义了人类的意义所在。它们以曾经只在科幻小说中存在的方式不断扩展人类寿命、健康、认知和能力的界限。随着这些领域不断获得新知识和新发现，人们所关注并致力于持续进行的有关伦理道德问题的讨论变得至关重要。作为人类，作为一种社会性动物，我们需要从个体与集体的不同角度来思考应该怎样应对寿命延长、定制婴儿[①]、记忆提取等诸多问题。

同时我们也要意识到，这些神奇的技术可能会被少数人掌控，用于服务某些特殊阶层，而不是广大群众。著名理论物理学家、作家史蒂芬·霍金和几位同行科学家——斯图尔特·拉

---

① 定制婴儿，指通过“植入前基因诊断”，用“试管受孕”形成胚胎，然后检验胚胎的基因，再选择不具有特定基因（例如癌症）的胚胎植入母体，最后发育成婴儿。——编者注

塞尔、马克斯·泰格马克与弗兰克·维尔切克曾在英国《独立报》上发表文章，就人工智能的影响发表看法：“短期来看，人工智能的影响取决于被谁控制。而长期来看，则取决于是否能控制得住……我们所有人都应该思考当下能够做些什么，才能让人工智能为我们带来更多益处，同时避免潜在的风险。”[60]

OpenAI公司在人工智能领域实现了有意义的突破，它是一家非营利性的人工智能研究公司。该公司于2015年12月公开宣称，其目标是“以最有可能造福全人类的方式发展数字智能，而无须经济回报”。[61] 该公司由Y创业孵化器公司董事长山姆·奥尔特曼与特斯拉汽车公司首席执行官埃隆·马斯克主管，已获10亿美元融资。该项目印证了先前提出的一个重要观点：第四次工业革命最大的影响之一就是由新技术融合激发出其赋予公民权利的潜能。正如山姆·奥尔特曼所说，“人工智能发展的最佳方式是赋予个体更多权利，提升人类能力，同时让每个人都触手可及”。[62]

某些特定种类的技术，如互联网和智能手机对于人类的影响是很容易了解的，且已被专家、学者们广泛讨论过，但要了解它们在其他方面造成的影响则要难得多。人工智能与合成生物学就面临着这样的问题。在不久的将来，我们也许就能亲眼目睹定制婴儿，以及对于人类进行的其他全面改良，从消灭遗传病到增强人类认知能力。而这些技术都将使人类面临前所未有的重大伦理与精神问题（参见专栏3–8）。

专栏3-8　伦理边界

技术进步将我们推到了新的伦理边界。我们是应将生物学领域的巨大进展仅仅用于治病疗伤，还是同时也用于提高人类自身能力？如果我们选择后者，就有让家庭亲子关系发展成消费社会商品关系的风险，那么，我们的孩子是否会被商品化，成为根据我们的需求定制的物品？而“提高人类能力”的定义又是什么？是让我们无病无患、延年益寿，变得更聪明、跑得更快，还是可以选择特定的外貌？

人工智能同样面临着复杂的伦理边界问题。例如，机器的思维有可能比人类更超前甚至更深入。亚马逊和网飞公司已经掌握了能预测我们可能喜欢的电影和书籍的计算机算法。相亲与就业网站为我们推荐由它们的系统计算出来的适合我们的伴侣与工作，可以就在附近，也可在世界上任何地方。我们应该怎么办？是相信算法提供的建议还是家人、朋友和同事的忠告？是去咨询一个具有完美或接近完美诊断率的人工智能机器人医生，还是坚持去找一位已了解我们多年、嘘寒问暖的人类医生？

当我们思考上述实例以及它们对人类的潜在影响时，我们踏入的是未知领域，是前所未有的一场人类转变的起点。

人工智能和机器学习的预测能力还引发了另一实质性问题，即如果我们在任何情况下的行为都是可预测的，那么为了不偏离这种预测，我们还能拥有或感觉自己拥有多少个人自由呢？

这一能力的发展是否可能导致人类行为最终变得和机器人一样？这又引出一个更具哲学性的问题：在数字时代，我们如何保持我们的多样性和民主的根源——自我？

警惕！信息世界正侵蚀我们的大脑

从上文中提到的伦理问题可看出，世界越朝着数字化及高科技方向发展，人类越需要由亲密关系及社交联系所维系的人与人之间的接触。随着第四次工业革命不断加深我们个人及群体与科技的联系，它对我们的社交技能及同理心可能产生的消极影响也越发受到人们的关注。这种影响已经出现。密歇根大学的一个科研小组在 2010 年进行的研究发现，当今大学生的同理心与二三十年前的大学生相比下降了 40%，其中主要的变化发生在 2000 年之后。[63]

麻省理工学院的谢里 · 特克尔发现，即使是在运动或是与家人朋友聚餐的时候，有 44% 的青少年也不愿放下手机。面对面的交流逐渐被网络互动所取代，大家担心沉迷于社交网络的新一代年轻人会在倾听他人、眼神交流及理解肢体语言方面存在障碍。[64]

我们与自己的移动设备的关系就是一个典型例子。我们总是与之形影不离，而这有可能让我们丧失最宝贵的财富之一：腾出时间进行静心反思，并开展一次无须技术支持，也不用社交网络作为媒介的真实对话。特克尔提到，有研究表明，当两个人对话时，哪怕手机只是摆在桌上或在双方的视觉范围内，就能对他们的谈话内容及交流深度产生影响。[65] 这并不意味着我们要放弃使用手机，而应当将手机用于更好的用途。

其他专家也表达了类似的担忧。技术与文化领域作家尼古拉斯·卡尔认为，我们在电子世界中沉浸得越久，我们的认知能力就越弱，因为我们已经无法控制我们的注意力了。“互联网本身是一个干扰系统，一个分散注意力的机器。持续的干扰能分散我们的思维，减弱我们的记忆力，让我们变得紧张和焦虑。我们所陷入的思绪越复杂，干扰所造成的伤害就越大。” [66]

曾在 1978 年获得诺贝尔经济学奖的赫伯特·西蒙早在 1971 年就警告说：“丰富的信息将导致注意力的缺乏。”如今的情况更加糟糕，对于决策者而言尤其如此。他们被过多信息所困扰，无法招架持续不断的压力，导致过度劳累。“身处加速前进的时代，没有什么比慢下来更令人愉悦，”游记作家比科·伊耶这样写道，“身处精神涣散的时代，没有什么比集中注意力更加珍贵。身处不断奔波的时代，没有什么比安静地坐着更加重要。” [67]

我们的大脑几乎 24 小时都被电子设备占据着，有可能变成持续狂热的永动机。常常有领导者们对我抱怨，他们再也没有时间静心反思，更不必说一口气读完一篇短文这样的“奢华享受”了。世界各地的决策者们仿佛都处于越来越疲惫的状态当中，急需处理的各种要务层出不穷，这让他们沮丧失望，直至无可奈何甚至陷入绝望。在新的电子时代，退一步的确十分艰难，却也并非不可能。

权衡公共信息与个人信息

互联网时代给个人带来的一大挑战，以及人与人之间总体来说愈加密切的相互联系，均涉及隐私问题。这一问题日益凸显，其背后的原因正如哈佛大学政治哲学家迈克尔·桑德尔所指出的——“人们越来越倾向在日常使用的设备上牺牲隐私以换取便利”。[68] 我们都能看出互联网是一种前所未有的民主化和自由化的工具，但同时也是大规模、广范围、无差别、高强度监视的帮凶，一场关于“在透明度越来越高的世界里隐私意义何在”的全球辩论就此展开，这在一定程度上得益于爱德华·斯诺登泄密事件的启示。

隐私为何如此重要？每个人都本能地明白隐私对于我们自身是非常重要的。即便是那些号称“并不特别看重隐私，也没什么秘密需要隐藏”的人，也总有各种各样的言行举止不想被他人所知。大量研究表明，当人们察觉受到监视时，他们的行为会变得更加墨守成规。

但本书并不打算用长篇大论来阐述隐私的意义，或是回答有关数据信息所有权的问题。不过我完全相信，在未来的岁月里，我们对于数据管理的失控定会导致就许多重大问题的讨论越发激烈，诸如隐私问题对我们身心健康的影响这一问题（参见专栏 3–9）。这些问题极其复杂，我们只不过才刚开始感受到其在心理、道德和社会层面的影响。从个人角度来看，我预测下面这个关于隐私的问题将会出现：当个人生活完全透明化，且无论小过还是大错都能被他人所知时，谁还能勇于承担领导责任呢？

第四次工业革命使科技在我们的生活中无孔不入且占据支配地位，然而我们才刚开始意识到科技的突变会如何影响内在自我。最终，确保科技服务于我们而不是奴役我们是每个人义不容辞的责任。从集体层面上看，我们还要确保可以恰当理解和分析科技给我们带来的挑战。只有如此，我们才能确定第四次工业革命可以造福人类，而不是损害人类福祉。

专栏 3–9　身心健康与隐私边界

隐私问题的复杂性从可穿戴健康设备目前遇到的问题便可略知一二。越来越多的保险公司正考虑给投保人提供以下选择：如果你同意穿戴一个设备来监控自身健康，比如你的睡眠量和运动量，每天的走路步数，每日摄入的卡路里等，并同意将这些信息发送给健康保险公司，就会获得保费上的优惠。

我们是否会为这些发明能让我们过上更健康的生活而感到欣慰，抑或为这种日益受到监控的生活方式感到担忧（无论这种监控来自政府还是企业）？目前来说，这种事的决定权还在个人手里——你可以选择穿戴健康设备，也可以对其说不。

但进一步来说，假如一家公司要求其员工使用可穿戴健康设备，并且向其健康保险提供商传输健康数据，以提高公司生产力，降低保费成本。如果公司要求所有员工必须遵守规定，否则就要支付罚金呢？如此一来，戴不戴设备之前似乎只是个人选择问题，现在却变成了一个虽无法接受却依然要遵循社会新规则的问题。

THE
FOURTH
INDUSTRIAL
REVOLUTION

未来之路

迎战第四次工业革命的 4 种智慧

第四次工业革命或许会产生颠覆性影响，但我们却可以化挑战为机遇，所以我们必须全力应对，做出必要改变并制定相关政策，从而适应新环境，最终实现繁荣发展。

只有综合运用我们在思维、心灵和精神方面的智慧，我们才能有效应对这些挑战。要做到这一点，我认为我们必须培养并运用以下 4 种智慧来适应、改变并驾驭潜在的破坏作用。

• 情境判断（思维）——我们如何理解和运用知识；

• 情绪管理（心灵）——我们如何处理和整合思维及感受，并推己及人；

• 自我激发（精神）——我们如何运用自我及共同的目标、彼此间的信任和其他优势来影响变革，为共同目标而奋斗；

• 身体素质（身体）——我们如何塑造和保持自己及身边人的身心健康，从而有足够精力推动自身及体系变革。

情境判断——思维

优秀的领导人能够了解并灵活运用情境判断智慧。[69] 情境判断是预测新趋势及整合零散信息的能力和意愿。这是无数代杰出领导人的共同特征，而在第四次工业革命中，这是适应及生存的先决条件。

要培养情境判断智慧，决策者们必须先了解各种人际关系网的价值。唯有与外界高度互联并灵活运用跨越传统界限和边界的网络时，他们才能够应对翻天覆地的变化。他们必须有能力、有意愿与那些利益相关者打交道。从这个方面来看，我们应该努力加强与外界的联系，兼收并蓄。

只有汇聚商界、政府、公民社会、宗教团体、学术界及年青一代的领导人，并精诚合作，我们才有可能对事态发展获得整体性认识。此外，这对形成并实施一套综合性观点和解决方案，推动可持续变革也至关重要。

这就是“多方利益相关者理论”(世界经济论坛通常称其为“达沃斯精神”)，它由我在1971年出版的一本书中第一次提出。[70] 人为划分不同领域及职业之间的界限这种做法越来越不利于发展。如今，利用网络的力量瓦解这些界限并建立高效的合作伙伴关系显得尤为重要。公司或组织若是无法做到这一点，或者不能言出必行地建立起多样性的团队，必将难以应对数字时代的颠覆性影响。

领导人也必须证明他们能够调整自己的心理和观念模式以及组织原则。在当今这个颠覆性、快速变化的世界中，故步自封、思想固化必将导致停滞不前。正如哲学家以赛亚 · 贝尔林在其 1953 年的论文中评价作家和思想家时提出的，为什么当狐狸好过当刺猬。当今越发复杂和多变的环境要求我们成为聪明伶俐、左右逢源的狐狸，而不是眼界狭隘、目光短浅的刺猬。从实际意义来看，这意味着领导人不能因循守旧。他们解决问题、处理事务、应对挑战的方式必须不断整合各方利益与意见，面面俱到、灵活多变。

情绪管理——心灵

情绪管理智慧是对情境判断智慧的一种补充而非替代，它日渐成为第四次工业革命的一项基本特性。耶鲁大学情商研究中心的管理心理学家戴维 · 卡鲁索曾指出，情商并不该被视为理智的对立面，或是“情感战胜了理智，而是两者以独特方式的结合”。[71] 学术文献指出，情绪管理智慧能让领导者更具创新精神，并成为变革的引领者。

对商界领袖和政策制定者而言，情绪管理智慧是在第四次工业革命的浪潮中取得成功所需技能的重要基石，这些技能包括自我意识、自我管理、自我激励、同理心及社交能力等。[72] 专注于研究情绪管理智慧的学者也指出，伟大的决策者之所以能够脱颖而出，正是因为他们具有高于常人的情绪管理智慧以及不断磨炼这种品质的能力。

在如今这个瞬息万变的世界里，一个机构若能拥有许多擅于情绪管理的领导者，那么它不仅会更具创造性，也会具有更大的灵活性和抗风险性——可见情绪管理智慧是应对颠覆性变化的一种必备特质。数字化的思维模式极大地取决于情绪管理智慧，它不仅有助于将跨领域合作的方式制度化，消除等级区别，也能激发新思路。

自我激发——精神

除了情境判断智慧和情绪管理智慧，还有一种能有效应对第四次工业革命的关键因素。我称之为自我激发智慧。表示“激发”的英语单词inspire源于拉丁语spirare，有“呼吸”之意，而“自我激发”也含有不断探寻意义与目标的含义。它着眼于激发创造的欲望，将人性提升为一种以人类共同的使命感为基础的、新的集体性道德意识。

自我激发智慧的核心思想是共享。正如之前所述，如果技术是造成社会向以自我为中心的方向发展的原因之一，那么我们必须调整这一趋势，让社会中的自我普遍具有共同的使命感。我们同呼吸、共命运，共同应对第四次工业革命的挑战，是否能够化险为夷并享受其带来的益处，则取决于我们能否团结起来，朝着共同的目标努力。

为了实现这一目标，信任是必不可少的。高度的信任能够促进各方参与和团队合作，这在以协同创新为核心的第四次工业革命中，显得尤为迫切。由于整个过程牵涉诸多不同因素和问题，只有在相互信任的氛围中才能实现。最终，所有的利益相关者都需要各司其职，以确保这场创新型变革向着为公众利益服务的方向发展。如果任何一个主要利益相关方心存异议，信任必将瓦解。

在当前这样变幻无常的世界里，信任已然成为最珍贵的品质之一。只有当决策者全身心融入一个集体，做决策时永远考虑大家的共同利益而非追求个人目标时，才能获得并维持大家的信任。

身体素质——身体

情境判断智慧、情绪管理智慧和自我激发智慧都是应对第四次工业革命的挑战并从中获益所需的基本特质。但这三种特质都需要第四大关键因素的支持——身体素质，具体包括维持并提升人们的健康水平和幸福感。随着变革步伐加快、复杂程度加深以及（与我们紧密相关的）决策过程中参与者增多，强健的体格和抗压能力变得更加重要。

表观遗传学是近些年才兴盛起来的一门生物学科，研究的是环境如何影响基因表现的过程。它强有力地证实了睡眠、营养以及锻炼会对我们的生活产生重要影响。比如，规律锻炼会对我们的思维和感知模式产生积极作用。它会直接影响我们的工作表现，并最终影响到我们取得成功的可能性。

了解和掌握这些对于我们的身体与精神、情绪乃至整个世界和谐统一的新方法至关重要。我们能够更深入地了解它们，要得益于许多领域的惊人成就，比如医药科学、可穿戴设备、移植技术以及大脑研究等。此外，我也常说，领导者需要“强大的神经”才能高效应对眼下同时发生且纷繁复杂的挑战。因此，要想把握并利用好本次工业革命带来的机遇，这一点会越发重要。

迈向新文化复兴

诗人赖纳·马里亚·里尔克曾写道，“在‘未来’还没有发生之前，它就已潜入我们的生命，在我们身上发生变化”。[73]我们必须铭记现在所生活的时代——这个“人类世”或是“人类时代”。这也是有史以来人类活动第一次成为塑造地球上所有生命维持系统的主要力量。

一切都取决于我们。我们正站在第四次工业革命的起点展望未来。更重要的是，我们拥有影响其发展过程的能力。知道如何实现繁荣发展是一回事，能否做到又是另一回事。一切最终会走向何方？我们又该如何做好万全的准备？

离我写作本书的地方不过几英里处，便是法国启蒙运动时期的著名哲学家、作家伏尔泰曾居住多年的地方。他曾说过：“不确定让人不舒服，可确定又是荒谬的。”[74]只有天真幼稚的人才会宣称，他们非常清楚第四次工业革命将带领我们走向何方，但若因方向不明而感到恐惧惊慌则同样幼稚可笑。正如我在整本书中一直在强调的，第四次工业革命的最终走向从根本上取决于我们充分挖掘其潜力的能力。

显然，机遇越引人注目，挑战就越让人却步。我们必须为可能出现的影响积极做好充分的准备，携手将面临的挑战转化为机遇。世界飞速发展，高度互联，一切变得更加复杂也更加碎片化，但我们仍然能够以有利于全人类的方式塑造我们的未来。当下，便是最好的时机。

第一步也是最重要的一步，我们应继续提高思想认知，推动对社会各行业的了解，这也是本书的宗旨所在。当下我们面临的挑战之间的联系越发紧密，因此在做决策时，我们要更注重从整体层面来思考。只有采取兼容并包的办法才能增进理解，从而处理好第四次工业革命带来的诸多问题。这就需要构造有益合作的灵活结构，使其包含各个体系并充分考虑所有利益相关者，将公共部门和私营部门结合到一起，同时纳入各行各业最富有学识的人才。

第二步，我们需要在达成共识的基础上，对于如何为当代人和下一代人塑造第四次工业革命，形成积极、统一和全面的认识。尽管我们并不清楚它包含的具体内容，但我们的确知道它必须涵盖的一些关键特征。例如，它必须明确规定我们未来的体系要体现出的价值观和道德准则。市场是推动财富创造的强大力量，但我们必须保证个人、集体行为及其所构造的系统要严格遵从价值观和道德准则。我们的认识还必须与时俱进，高屋建瓴，体现宽容、尊重、关心与同情。这种认识还应该兼容并蓄，由共同的价值观推动形成。

第三步，在提高了思想认识并形成统一认识的基础上，我们必须开始重建我们的经济、社会与政治体系以充分利用由此带来的机遇。当前的决策体系和财富创造的主流模式显然都是前三次工业革命期间设计出来并逐渐完善的。然而这些体系已不合时宜，在第四次工业革命的背景之下，已经无法满足当代人，更确切地说，是下一代人的需求。这无疑需要进行系统性创新，而不是小规模调整或者边边角角的改革。

根据以上三个步骤可知，我们只有从地区、国家和全球层面，与所有有发言权的利益相关方持续进行协作与沟通才能实现目标。我们要重点搞清楚基本条件，而不仅仅关注于技术层面。哈佛大学数学与生物学教授、进化论者马丁·诺瓦克提醒我们，合作是“拯救人类的唯一方法”。[75] 在人类40亿年的漫长进化史上，合作一直是主要推动力，使我们适应越来越复杂的环境，并增强政治、经济和社会凝聚力，从而取得巨大进步。

我相信通过多方利益相关者之间的高效合作，第四次工业革命能够应对甚至化解当今世界面临的一些重要问题。

最终，一切都归结于人、文化与价值观。我们需要努力使来自不同文化、国家和收入群体的所有公民都能了解掌控第四次工业革命的必要性，及其对文明的冲击。

让我们共同塑造一个为所有人共享的未来，它以人为本，赋权于民。我们还要不断提醒自己，所有这些新技术都是由人类制造、为人类服务的。

让我们共同担起责任，建设一个更美好的未来，使创新与技术均以人类以及服务公共利益为中心，并确保我们能够好好利用它们，建设一个更加可持续发展的世界。

我们还能实现更伟大的目标。我坚信，如果我们能采取积极应对、负责任的态度推动新技术革命的发展，就能引发一场新的文化复兴运动，使我们超越小我——这是一场真正全球性的文化运动。第四次工业革命可能让人类变得数字化，从而掩盖我们生存意义的传统根源，包括工作、社区、家庭和身份认同。然而，我们依然能够并应该利用第四次工业革命的机遇，将人类的道德意识水平提升至新的高度，以共同的使命感为基础。要实现这个目标，我们所有人都义不容辞。

THE
FOURTH
INDUSTRIAL
REVOLUTION

展望 2025：深度变革

在第四次工业革命的进程中，软件技术驱动的数字互联将会彻底改变整个社会。其影响范围之广、变革速度之快，使得这场变革有别于人类历史上的任何一次工业革命。

世界经济论坛全球议程理事会 “软件与社会的未来”议题组针对 800 位公司管理人员进行了一项调查，以判断这些企业领导人在何时预测到这些足以改变游戏规则的技术将会给公众生活带来颠覆性改变，并期望能充分理解这些变革对于个人、组织、政府以及社会的影响。

此次调查形成了《深度转变：技术引爆点与社会影响》这一报告，于 2015 年 9 月出版。[76] 下文摘录的是这项研究中介绍的 21 项技术变革，并额外收录了两项，其中包含了这些技术的引爆点以及走进市场的预期时间等内容。

变革 1：可植入技术

引爆点：首款植入式手机将商业化

展望 2025：82%的受访者认为引爆点会在此之前出现

人们越来越依赖电子设备，而这些设备与人体的联系也愈加紧密。设备不再仅仅是可穿戴的，还能够被植入体内，发挥通信、定位、行为监控及健康管理等功能。

起搏器及人工耳蜗的发明只是一个开始，越来越多的健康设备将会涌现出来。这些设备将能感知疾病参数，提醒用户采取措施，发送数据至监测中心，甚至有可能自动投放药物进行治疗。

智能文身以及其他独特的芯片将有助于进行身份识别及定位。有了植入式设备，原本需用口头表达的想法可以借助“嵌入式”的智能手机来完成，而一些隐含的想法和情绪也有望通过读取脑电波及其他信号的方式来传达。

正面影响

- 减少儿童失踪现象
- 改善健康状况
- 更加自给自足
- 更好地进行决策
- 图像识别并提供更多个人数据（会记录他人匿名点评的网络，如 Yelp[77]）

负面影响

• 隐私泄露、（可能）被监视

• 数据安全性降低

• 逃避现实、手机上瘾

• 注意力不集中（即注意力缺乏症）

未知或利弊皆有

• 寿命延长

• 改变人际关系的本质

• 改变人际沟通与人际关系

• 实时识别

• 文化转变（永久记忆）

正在发生的变化

• 数字文身不仅看起来很酷，而且具有实用价值，例如解锁车门、利用指纹识别解锁手机或追踪身体代谢过程等。

资料来源：https://wtvox.com/3d-printing-in-wearable-tech/top-10-implantable-wearables-soon-body/。

• 出自高科技信息技术与服务公司WT VOX的一篇文章指出："智能微尘是一系列具有电脑功能的超微型传感器，每一个都比沙砾还要细小得多。它们能在人体里自我组合成所需网络，处理人体内的各种复杂情况。想象一下这些纳米器件可攻击早期癌细胞，或缓解伤口疼痛，甚至是以高度加密的方式将重要的个人信息储存下来。有了智能微尘，医生不用开刀就可以直接在你体内进行手术。信息会储存在你的身体中，并被高度加密，你自己可将它从纳米网络中解锁。”

资料来源：https://wtvox.com/3d-printing-in-wearable-tech/top-10-implantable-wearables-soon-body/。

• 由普罗特斯生物医药公司与诺华公司联合研发的智能药片携有可生物降解的数字设备，它可以将身体对药物的反应数据传输至你的手机。

资料来源：http://cen.acs.org/articles/90/i7/Odd-Couplings.html。

变革 2：数字化身份

引爆点：80%的人在网上具有数字身份

展望 2025：84%的受访者认为引爆点会在此之前出现

全世界网民的数量在过去 20 多年快速增长。10 年前，进入数字时代还只意味着有一个手机号码、一个邮箱地址，或许再加上一个MySpace（聚友网）的个人主页。

现在，人们在数字世界中的存在则包括进行数码互动，以及他们在各种线上平台和媒体上留下的痕迹。很多人拥有不止一个数字身份，如Facebook、Twitter（推特）、LinkedIn（领英）、Tumblr（汤博乐）以及Instagram等多个账号，通常还不止这些。

在互联程度越来越高的世界中，网络上的虚拟生活渐渐变得与现实生活密不可分。在未来，建立并维护好自己的网络形象会如同我们在现实生活中通过打扮、言语及行为来展示自己一样稀松平常。在网络世界中，人们能够依靠他们在网络上的虚拟形象，搜索并共享信息，自由发表言论，与他人邂逅，并能在世界上任何地方发展并维护与他人的关系。

正面影响

- 透明度提高
- 个人与集体之间更好更快的关联
- 言论自由
- 信息传播与交流速度提高

• 更高效地利用政府服务

负面影响

• 隐私泄露、（可能）被监视

• 身份被盗用现象增多

• 网络暴力及跟踪

• 利益集团的趋同思维及两极分化加剧

• 散播不实信息（对声誉管理的需求）；回声室效应[78]

• 公众对信息算法（如新闻）不知情，缺乏透明度

未知或利弊皆有

• 数字遗产和痕迹

• 更有针对性的广告

• 更有针对性的信息及新闻

• 个人特征分析

• 永久身份（不匿名）

• 更容易在线上开展社会运动（政治团体、利益集团、兴趣小组、恐怖组织）

正在发生的变化

如果将三大社交网站看作国家的话，它们的人口数量将比中国还多出 10 亿。

人口数量排名前十位（百万）

1	Facebook	1 400
2	中国	1 360
3	印度	1 240
4	Twitter	646
5	美国	318
6	印度尼西亚	247
7	巴西	202
8	巴基斯坦	186
9	尼日利亚	173
10	Instagram	152

图1 社交网站的活跃用户数量与世界人口大国的人数对比

资料来源：http://mccrindle.com.au/the-mccrindle-blog/social-media-and-narcissism。

变革3：视觉成为新的交互界面

引爆点：10%的阅读眼镜可连接互联网

展望2025：86%的受访者认为引爆点会在此之前出现

眼镜式、头戴式及眼球追踪设备都会变得越来越智能，谷歌眼镜只是第一个成功尝试。在未来，人眼与视觉也将成为连接互联网及数字设备的新媒介。

通过视觉与互联网中各种应用与数据直接连接，个人的感官体验经过调节后被加强，从而更具身临其境之感。而随着眼球追踪技术的兴起，智能设备可以向视觉界面输入信息，并通过眼球与之进行互动，对信息进行反馈。

通过提供指令、信息可视化及交互作用，可使视觉成为一个即时、直接的交互界面，改变人们的学习、导航、指引和反馈方式，从而有助于人们更充分地与世界互动。

正面影响

• 为个人的导航、工作及生活提供即时信息，以助其进行明智决策

• 在视觉协助下提高完成任务或生产商品和提供服务的能力，可用于制造业、医疗/手术和服务业领域

• 通过交谈、打字、运动及浸入式体验帮助残障人士进行互动和移动以及感知世界

负面影响

• 注意力不集中引发事故

• 消极的浸入式体验带来创伤

• 成瘾及逃避现实现象增多

未知或利弊皆有

• 娱乐产业出现新领域

• 即时信息增多

正在发生的变化

市场上已在出售的眼镜（不仅仅是谷歌眼镜），可以让你：

• 像捏泥巴一样对3D物件进行随意操作

• 针对眼前所见提供全面的实时信息，与大脑运行模式相同

• 向你提供途经餐馆的菜单信息

• 在任意纸张上投影图片或视频

资料来源：http://www.hongkiat.com/blog/augmented-reality-smart-glasses/。

变革 4：可穿戴设备联网

引爆点：10%的人穿着可连接互联网的衣服

展望 2025：91%的受访者认为引爆点会在此之前出现

科技越发个人化了。早期的电脑需要几个大房间才放得下，后来能放在桌子上，现在则能放在膝盖上。当前的科技水平从我们口袋中的智能手机上可见一斑，而未来的科技将会被直接嵌入衣物和配饰中。

2015 年苹果公司发布的智能手表 Apple Watch 不仅能联网，还同时具备了智能手机的多种功能。越来越多的服装与可穿戴设备将带有嵌入式芯片，使穿戴者能利用该物品连接互联网。

正面影响

- 改善健康状况，延长人类寿命
- 更加自给自足
- 自我管理的医疗保健
- 更好地进行决策
- 减少儿童失踪现象
- 个性化服装（裁缝业、设计行业）

负面影响

- 隐私泄露、（可能）被监视

• 逃避现实、成瘾

• 数据安全

未知或利弊皆有

• 实时识别

• 改变人际沟通与人际关系

• 图像识别与个人数据可获得性（会记录他人匿名点评的网络）

正在发生的变化

高德纳公司是全球最具权威的研究与咨询公司，据其统计，2015 年内智能手表与手环的销售量将达到 7 000 万台，而在 5 年内这一数字将上升到 5.14 亿。

资料来源：http://www.zdnet.com/article/wearables-internet-of-thingsmuscle-in-on-smartphone-spotlight-at-mwc/。

Mimo Baby 公司开发了一种广受欢迎的可穿戴婴儿监控器，能记录婴儿的呼吸、身体姿势、睡眠活动等，并将数据发送到你的 iPad（苹果公司平板电脑）或智能手机上。人们就该产品是起到了帮助作用还是多此一举进行了广泛的争论。在该案例中，支持者认为它能帮助婴儿睡得更好，而批评者则认为传感器无法代替人工看护。

资料来源：http://mimobaby.com/；http://money.cnn.com/2015/04/16/smallbusiness/mimo-wearable-baby-monitor/。

拉尔夫·劳伦公司设计出一种智能运动衫，能实时测量出汗量、心率、呼吸强度等运动数据。

资料来源：http://www.ralphlauren.com/product/index.jsp?productId=69917696&ab=rd_men_features_thepolotechshirt&cp=64796626.65333296。

变革 5：普适计算

引爆点：90%的人能经常访问互联网

展望 2025：79%的受访者认为引爆点会在此之前出现

数字化服务日渐变得无处不在，人们可以随时随地获得所需服务，无论是通过能联网的电脑，还是具备 3G（第三代移动通信技术）、4G（第四代移动通信技术）或云服务的智能手机，均可实现。

当前全球有 43%的人能连接到互联网。[79] 仅 2014 年一年，就卖出 12 亿台智能手机。[80]2015 年，平板电脑的销量预计将超过个人电脑，而智能手机的总销量将达到电脑的 6 倍。[81] 互联网的发展速度已经远超其他所有媒体渠道。据估测，过不了几年，全球 3/4 的人都能经常使用互联网。

在将来，经常使用互联网和信息服务将不再是发达国家的福利，而会成为像饮用清洁饮用水一样的基本权利。由于无线技术所需的基础设施少于其他许多公共服务（如电力、道路与水），它的普及速度很有可能要远超过后者。因此，任何国家的任何人都将可以与地球上任一角落的人进行交流与互动。信息的产生和传播会比以往更加便利。

正面影响

• 处于偏远或欠发达地区的弱势群体将有更多的经济机会（“最后一英里”问题）

• 获得教育、医疗和政府服务的机会

• 获得存在感

• 提升技能、改善就业以及转行的机会

• 扩大市场规模/电子商务

• 获得更多信息

• 提高公民参与度

• 民主化/政治变革

• “最后一英里”问题：“透明度和参与度提高”与“公众思想被操纵现象和回声室效应变严重”之间的矛盾

负面影响

• 公众思想被操纵现象和回声室效应变严重

• 政治分裂

• 围墙花园（walled gardens，如仅供已验证用户使用的有限网络环境）仅允许人们访问有限的网络

正在发生的变化

要使未来的40亿用户能使用互联网，我们需要克服两个关键问题：可访问且付得起。开拓互联网新市场的竞赛正在进行。全球已有超过85%的人居住在手机信号发射塔方圆几公里内，而发射塔能够提供互联网服务。[82] 全球移动运营商正在迅速扩大互联网覆盖范围。Facebook与移动运营商共同发起了互联网普及计划“Internet.org”，在2015年使17个国家中超过10亿人能

使用免费的互联网基本服务。[83] 许多旨在为最偏远地区提供廉价互联网服务的项目也在开展之中：Facebook的“Internet.org”项目正在研发互联网无人机，谷歌的Project Loon正计划使用热气球搭建无线网络，而美国太空探索技术公司则正投资新型低成本卫星网络。

变革 6：便携式超级计算机

引爆点：智能手机的使用率达到 90%

展望 2025：81%的受访者认为引爆点会在此之前出现

早在 2012 年，谷歌就在其举办的“内部搜索”发布会上公开表示，“响应一个谷歌搜索请求所需的运算量与整个‘阿波罗计划’的运算量（包括地面和空中）几乎一样多”。[84] 更重要的是，现代智能手机和平板电脑所具备的运算能力比以前要占据一整个房间的许多“巨型电脑”还要强大。

预计到 2019 年，全球智能手机用户数量将达到 35 亿，这相当于智能手机的普及率将达到 59%，超过 2017 年的 50%，相比于 2013 年的 28%也有了大幅增长。[85] 肯尼亚最大的移动服务运营商——狩猎通信公司的报告显示，2014 年售出的移动电话中有 67%是智能手机，同时全球移动通信系统协会预测，到 2020 年，非洲的智能手机用户将超过 5 亿人。[86]

由于越来越多的人更喜欢使用智能手机而不是传统电脑，各大洲的许多国家和地区都发生了设备变革（亚洲目前处于领先地位）。随着科技发展使设备的体积越来越小，运算能力却越来越强，尤其是价格越来越低，人们对智能手机的接受度只会更快。

谷歌的数据显示，在图Ⅱ的国家中，智能手机的使用率高于个人电脑。

新加坡、韩国和阿联酋等国家快要达到引爆点，有将近 90%的成年人使用智能手机（见图Ⅲ）。

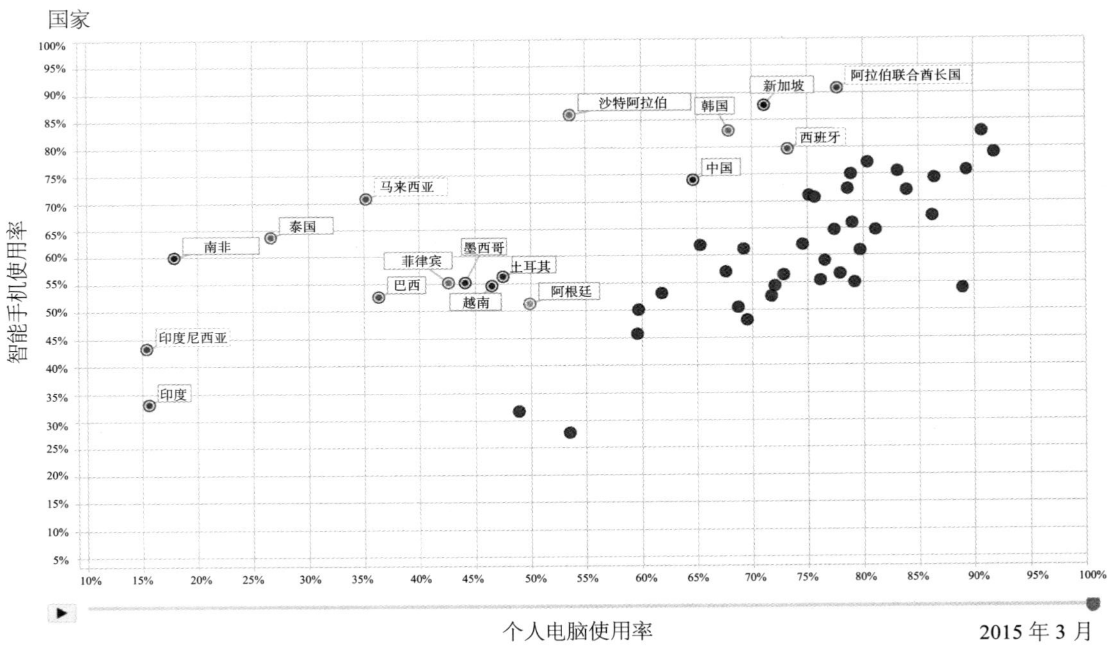

图 II　智能手机使用率高于个人电脑的国家（2015 年 3 月）

资料来源：http://www.google.com.sg/publicdata/explore。

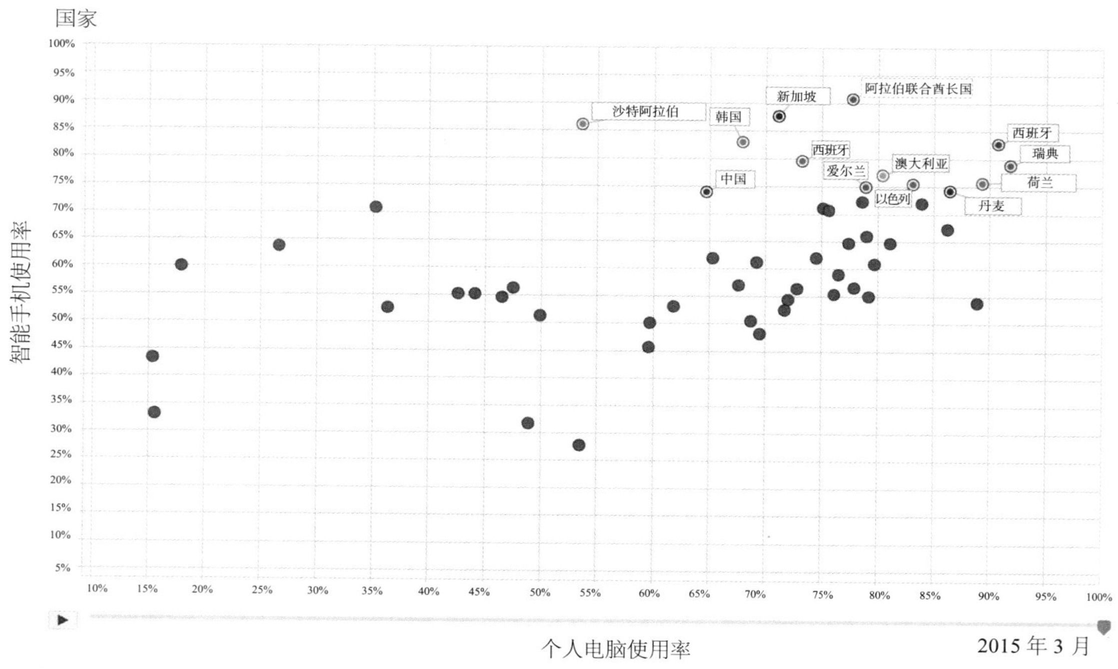

图Ⅲ　智能手机在成年人中的普及率近 90% 的国家（2015 年 3 月）

资料来源：http://www.google.com.sg/publicdata/explore。

逐渐采用那些能让人们处理复杂任务的高速运算设备是大势所趋。最有可能出现的情况是，每个人使用的设备数量会大幅增加，这些设备不仅具有新功能，还能处理特殊任务。

正面影响

• 处于偏远或欠发达地区的弱势群体将有更多的发展机会（“最后一英里”问题）

• 获得教育、医疗和政府服务的机会

• 获得存在感

• 提升技能、改善就业以及转行的机会

• 扩大市场规模/电子商务

• 获得更多信息

• 提高公民参与度

• 民主化/政治变革

• “最后一英里”问题：“透明度和参与度提高”与“公众思想被操纵现象和回声室效应变严重”之间的矛盾

负面影响

• 公众思想被操纵现象和回声室效应变严重

• 政治分裂

• 一些国家和地区防火墙长城/围墙花园（如仅供已验证用户使用的有限网络环境）仅允许人们访问有限的网络

未知或利弊皆有

- 7 天 24 小时开机
- 公私生活不分明
- 不分场合的使用
- 规模生产造成的环境问题

正在发生的变化

1985 年，超级计算机系统Cray-2 是当时世界上运算速度最快的机器。而 2010 年 6 月发布的iPhone 4 手机却已拥有与Cray-2 一样的运算能力。仅仅 5 年后的今天，Apple Watch的运算速度已是iPhone 4s的两倍。[87] 随着智能手机的零售价格跌破50 美元，计算能力大幅提升，其在新兴市场中的接受度逐渐提高。相信在不久的将来，几乎每个人的口袋里都将有一台超级计算机。

资料来源：http://pages.experts-exchange.com / processing-power-compared/。

变革 7：全民无限存储

引爆点：90%的人拥有免费（或由广告支持）的无限存储空间

展望 2025：91%的受访者认为引爆点会在此之前出现

在过去几年里，随着越来越多的公司为客户提供近乎免费的存储空间作为部分附赠服务，个人的存储容量有了很大提升。用户创建了越来越多的内容，而无须考虑清理内容来腾出空间。存储空间商品化已是大势所趋，其中一个原因就是存储价格飞速递减（几乎每 5 年变为之前的 1/10，见图Ⅳ）。

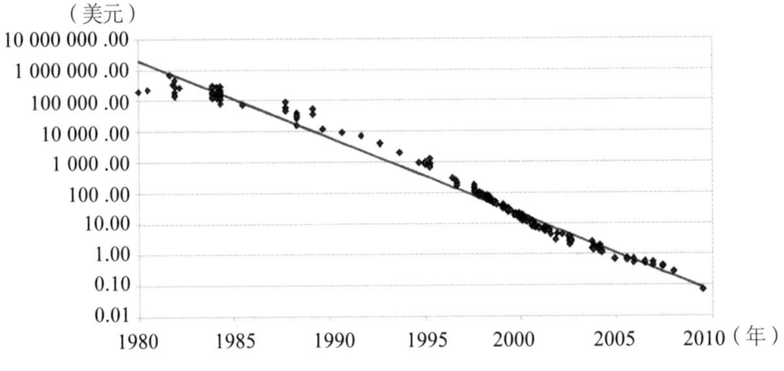

图Ⅳ　每 GB 的硬盘成本变化（1980~2009 年）

资料来源："存储成本变化史"，mkomo.com，2009 年 9 月 8 日。[88]

当今世界的所有数据大约有 90%是在过去两年产生的，且企业创造的信息量平均每 1.2 年就翻一番。[89] 亚马逊网络服务和 Dropbox 云存储之类的公司正在引领存储空间商品化的趋势。

世界的发展趋势是存储空间实现全面商业化，可以让用户免费享用无限量的存储空间。而企业获利的最佳方式可能是通过广告或遥感勘测。

正面影响

- 法律体系
- 历史及学术记录
- 提高商业运营效率
- 扩展个人存储阈值

负面影响

- 隐私受到监视

未知或利弊皆有

- 永久存储（不删档）
- 越来越多的内容得以产生、分享和消费

正在发生的变化

已有大量公司提供2GB~50GB大小不等的免费云端存储空间。

变革 8：万物互联

引爆点：有 1 万亿个传感器与互联网连接

展望 2025：89%的受访者认为引爆点会在此之前出现

由于运算能力不断上升，硬件价格持续下降（依旧遵循摩尔定律[90]），几乎将任何东西连接上互联网都十分划算可行。智能传感器的价格也已相当合理。所有物品都会智能化并能联网，从而促进更广泛的交流和数据驱动的新型服务，而这些都是基于日益增强的分析能力。

近期有一项关于如何利用传感器监测动物健康与行为的研究。[91] 它演示了安装在家畜身上的传感器之间如何通过移动电话网络进行沟通，并可随时随地传输有关家畜状况的实时数据。

专业人士认为，未来世界的每一样（实体）产品都可以与无处不在的通信基础设施相连，同时无处不在的传感器也能使人们充分感知周围环境。

正面影响

- 提高资源利用率
- 提高生产率
- 改善生活质量
- 有益环境
- 降低服务成本
- 提高资源利用与现状的透明度

- 更安全（如飞机、食品）
- 更高效（物流）
- 增加存储与带宽需求
- 劳动力市场与劳动技能变革
- 创建新业务
- 使得高难度的实时应用在标准通信网络中变得可行
- 设计能进行数字连接的产品
- 附加于产品之上的数字服务
- “数字模型”提供监控、管理与预测的精准数据
- “数字模型”成为商务、信息和社会过程中的积极参与者
- 物体能够全面感知周围环境，并自主反应与行动
- 智能物品联网后产生新的知识和价值

负面影响

- 隐私
- 非熟练工面临失业风险
- 黑客威胁与安全威胁（如公共电网）
- 更加复杂、更易失控

未知或利弊皆有

- 商业模式变革：资产的使用或租赁，而非拥有所有权（如电器租赁服务）

• 数据价值影响商业模式

• 每个公司都是潜在的软件公司

• 新型企业：售卖数据

• 隐私观念框架的改变

• 信息技术基础设施广泛分布

• 知识性工作的自动化（如分析、评估、诊断）

• 可能导致“数字珍珠港”事件（例如，网络黑客或恐怖分子破坏基础设施，引发长达数周的食物、燃料、电力的缺乏）

• 更高的利用率（如汽车、机器、工具、设备、基础设施）

正在发生的变化

福特GT跑车内凝聚了1 000万行程序代码。

资料来源：http://rewrite.ca.com/us/articles/security/iot-is-bringing-lots-ofcode-to-your-car-hackers-too.html?intcmp=searchresultclick&resultnum=2。

大受欢迎的大众高尔夫新车型内含54个计算机处理单元。每辆车处理的数据点多达700个，可产生近6G的数据。

资料来源：“信息技术衍生型产品和服务及物联网”，数字战略概览圆桌会议，塔克商学院数字战略中心，达特茅斯，2014年。

至2020年，联网设备预计将超过500亿台。即使是地球所属的银河系也只包含约2 000亿颗恒星！

伊顿公司在特定高压软管中安装传感器，来检测软管磨损时间，避免潜在安全事故的发生，同时减少以软管为关键组件的机器停工检修的高额成本。

资料来源："物联网：互联带来的机遇与挑战"，数字战略概览圆桌会议，塔克商学院数字战略中心，达特茅斯，2014 年。

据宝马公司统计，截至 2015 年，全球有 8%（约 8 400 万台）的汽车通过各种方式连接到互联网。到 2020 年，这个数字会增加到 22%，即 2.9 亿台。

资料来源：http://www.politico.eu/article/google-vs-german-car-engineerindustry-american-competition/。

安泰等保险公司正在研究如何利用地毯上的传感器帮助中风者。这些传感器可检测到步态变化，然后通知理疗师上门治疗。

资料来源："物联网：互联带来的机遇与挑战"，数字战略概览圆桌会议，塔克商学院数字战略中心，达特茅斯，2014 年。

变革 9：数字化家庭

引爆点：家用电器与设备使用的互联网流量超过 50%（非娱乐或通信部分）

展望 2025：70% 的受访者认为引爆点会在此之前出现

在 20 世纪，家庭使用的能源大部分直接用于个人消耗（如照明）。未来，这种能源需求会被更复杂设备的能源需求所超越，这些设备包括烤箱、洗碗机、电视和空调等。

网络流量的消耗方式也与之类似：当前家庭的流量消耗主要集中在个人消费上，如通信与娱乐。随着家庭自动化快速发展，人们可以通过互联网控制照明、百叶窗、通风设备、空调、音视频播放设备、安防系统和家用电器。可提供各种服务的联网机器人也可以帮上忙，如进行真空吸尘等。

正面影响

- 提高资源效率（减少能源使用与消耗）
- 舒适
- 安保与安防、检测入侵
- 访问控制
- 家庭共享
- 独立居住（适用于年幼者、年长者和残疾人）
- 定向广告增多和对商业的整体影响增大
- 卫生保健系统成本降低（病人住院和门诊时间减少，自动

监控服药过程）

- 实时监控与录像
- 警告、报警和紧急请求
- 家庭远程智能控制（如关闭煤气阀）

负面影响

- 隐私
- 监视
- 网络攻击、犯罪与安全隐患

未知或利弊皆有

- 对劳动力市场的影响
- 工作地点改变（在家工作和在外工作增多）
- 隐私、数据所有权

正在发生的变化

我们从cnet.com这一网站引用了一个有关该成果在家庭中应用的例子：

"Nest是制造可联网自动调温器和烟雾探测器的公司……（于2014年）公开启动'与Nest合作'开发项目，确保不同公司的产品都能使用它的软件。例如，与梅赛德斯-奔驰合作，就能让你的奔驰汽车告知Nest软件提前打开暖气，让你到家时可以取暖……最终，如Nest这样的枢纽能使你的家感知你的需求，并自动调整好一切。家中的电器设备最终可能消失不见，取而代之的是受单个枢纽控制的诸多传感器和电子器件。”

资料来源：“罗西还是贾维斯：智能家庭的前景仍悬而未决”，理查德·尼艾瓦，2015年1月14日，cnet.com，http://www.cnet.com/news/rosie-or-jarvisthe-future-of-the-smart-home-is-still-in-the-air/。

变革 10：智慧城市

引爆点：出现第一座人口超过 5 万却没有交通信号灯的城市

展望 2025：64%的受访者认为引爆点会在此之前出现

许多城市会将服务、公共设施以及道路接入互联网。这些智慧城市将能够对能源、物料流、物流运输及交通等领域进行管控。目前率先践行这一理念的地区，如新加坡和巴塞罗那，已经开始实施许多数据驱动的新服务，例如智能停车方案、智能垃圾回收以及智能照明等。智慧城市正不断拓展其传感技术网络，致力于打造出能够连接不同技术项目的核心数据库平台，在此基础上依靠数据分析和预测模型拓展出新的服务。

正面影响

- 资源利用率提高
- 生产效率提高
- 城市密度增大
- 生活质量提高
- 环保性提升
- 公众可利用资源增加
- 服务成本下降
- 资源利用及现状的透明度提高
- 犯罪率下降

- 流动性增强
- 分散化、环境友好的能源生产与消费模式
- 分散化商品生产方式
- 适应力增强（对于气候变化的影响）
- 污染减少（空气与噪声）
- 受教育机会增多
- 更迅速地进入市场
- 扩大就业
- 更智能的电子政务

负面影响

- 监管与隐私
- 能源系统崩溃可能导致的瘫痪（大规模停电）
- 更易受到网络攻击

未知或利弊皆有

- 影响城市文化及氛围
- 改变城市居民习惯

正在发生的变化

一篇刊登于《未来的互联网》（*The Future Internet*）杂志上的论文提到：

“位于西班牙北部的桑坦德市已经投入使用2万台传感装置，将实体建筑、基础设施、交通运输、通信网络及公共资源紧密联系在一起。这座城市为新功能的探索与检验提供了实体场所，这些新功能包括交互和管理协议、设备技术以及各项后勤服务（如发现、身份认证管理和安防）等。”

资料来源：“智慧城市与未来互联网：致力于打造开放式创新的合作体系”，H · 斯查弗斯，N · 科姆尼诺斯，M · 帕洛特，B · 特劳斯，M · 尼尔森与A · 奥利维拉；“未来的互联网”，J · 多明格等人，LNCS6656，2011 年，431~446 页，参见http://link.springer.com/chapter/10.1007%2F978-3-642-20898-0_31。

变革 11：运用大数据进行决策

引爆点：出现第一个用大数据资源替代人口普查的政府

展望 2025：83%的受访者认为引爆点会在此之前到来

当今的公共数据资源比以往任何时期都要多，而理解与管理这些数据的能力也在不断提升。政府渐渐意识到，以往采集数据的方式已经过时，他们可以转而依靠大数据技术实现当下项目的自动化，为公民和消费者提供与时俱进的创新型服务。

大数据的运用能够让诸多行业及应用领域的决策过程变得更快更好。自动化决策为公众提供了便利，让政府和企业能够提供全方位的实时服务和支持，从与顾客的互动到税务的自动申报与缴纳，无所不包。

利用大数据进行决策也是一把双刃剑，既带来了机遇，也潜伏着风险。建立起对决策数据及算法的信任至关重要。要解决公众对隐私问题的担忧并在商业和法律框架内建立问责制度，就必须转变思维方式，设立明确的条文，以防止“脸谱化”（profiling）解读，防范意想不到的后果。用大数据取代目前的人工手段虽然会淘汰一些职业，但同时也会创造当前市场上所没有的新型职业和新机遇。

正面影响

- 更快更好的决策过程
- 更多实时决策

- 开放数据，促进革新
- 提供律师职位
- 方便公民参与，提升效率
- 节约成本
- 新职业类别

负面影响

- 失业
- 隐私问题
- 问责制度（由谁掌握决策算法？）
- 信任（如何确信数据的准确性？）
- 决策算法之争

未知或利弊皆有

- 脸谱化
- 管理、商业及法律构架的改变

正在发生的变化

全世界所有企业的商业数据的总规模平均每 1.2 年就会翻一番。

资料来源："大数据统计详表"，文森特·格兰维尔，2014 年 10 月 21 日，参见http: //www.bigdatanews.com /profi les/blogs / acomprehensive-list-of-big-data-statistics。

“不论是美国艾奥瓦州还是印度的农民都已经在运用从种子、卫星、传感器以及农用机械中得到的数据，来更好地决定种什么、何时种、如何追踪食物从农场到餐桌的新鲜度，以及如何应对气候变化。”

资料来源：“数据有何了不起之处”，BSA软件联盟，参见http://data.bsa.org/。

“为了让人们知道哪些餐厅的卫生不达标，旧金山与点评网站Yelp尝试了一项合作并取得了成功——将当地每家餐厅的卫生检查数据都放在该餐厅在网站上的评价页面上。当你点开一家餐厅的页面，比如Tacos EI Primo饭店，上面会显示其卫生得分为98分（满分100分）。Yelp的点评具有相当大的影响力，已成为当地居民衡量餐桌食品安全的标杆，这次合作有望成为督促那些屡教不改的经营者改善卫生状况的一种途径。”

资料来源：http://www.citylab.com/city?xer/2015/04/3-cities-using-opendata-in-creative-ways-to-solve-problems/391035/。

变革 12：无人驾驶汽车

引爆点：美国道路上行驶的汽车中无人驾驶汽车达到 10%

展望 2025：79%的受访者认为引爆点会在此之前出现

奥迪和谷歌等大公司已经开始致力于无人驾驶汽车的开发试验，而其他许多企业也加大力度，开拓新的解决方案。无人驾驶汽车有望在能效和安全性能上超越需要有人掌握方向盘的普通汽车。此外，它们也可以缓解交通压力，降低排放，并对现有的交通及物流模式产生颠覆性的影响。

正面影响

- 安全性提升
- 腾出更多时间专心工作或消费媒体内容
- 有益环境
- 缓解压力和路怒症
- 为年长者以及残障人士提供更多出行选择
- 采用电力驱动

负面影响

- 失业（出租车和卡车司机、汽车行业）
- 颠覆保险业和道路援救业务（人工驾驶花费更高）
- 违章罚款的收入减少

- 车辆保有率下降
- 汽车驾驶相关的法律架构
- 反对自动化的声音（不被允许在高速公路上驾驶的人）
- 网络入侵/网络攻击

正在发生的变化

2015 年 10 月，特斯拉通过软件升级，使其过去一年中在美国卖出的汽车实现了半自动化。

资料来源：http://www.wired.com/2015/10/tesla-self-driving-over-air-update-live。

谷歌计划在 2020 年之前实现无人驾驶汽车的量产。

资料来源：托马斯·浩莱克，2015 年 1 月 14 日，“谷歌称无人驾驶汽车将于 2020 年问世”，《国际财经时报》，参见 http://www.ibtimes.com/google-inc-says-self-driving-car-will-be-ready-2020-1784150。

2015 年夏天，两位黑客侵入一辆行驶中的汽车，操控了其仪表盘、方向盘及刹车等部件，而这一切都是通过该车的娱乐系统实现的。

资料来源：http://www.wired.com/2015/07/hackers-remotely-kill-jeep-highway/。

2012 年，内华达州成为美国第一个官方承认无人驾驶（自动驾驶）汽车合法的州。

资料来源：艾利克斯·科耐普，2011年6月22日，“内华达州通过法令，承认无人驾驶汽车合法”，《福布斯》，参见http://www.forbes.com/sites/alexknapp/2011/06/22/nevadapasses-law-authorizing-driverless-cars/。

变革 13：人工智能与决策

引爆点：首台人工智能机器加入公司董事会

展望 2025：45%的受访者认为引爆点会在此之前到来

除了驾驶汽车，人工智能还能从以往的情境中获取经验，提供建议，自动完成一些复杂的决策过程，从而能够基于数据资料和以往经验更简单快捷地制订出具体方案。

正面影响

- 理性的数据驱动决策；更少偏见
- 消除“非理性繁荣”
- 重组过时的官僚机构
- 就业增长与革新
- 能源自给
- 医药科学进步，疾病根除

负面影响

- 问责制度（负责人、信托权利、合法性）
- 失业
- 网络入侵/网络犯罪
- 责任、义务与治理
- 决策过程难以理解
- 加剧不平等

• “违反算法原则”

• 人性化的根本性威胁

正在发生的变化

近来，一台名为ConceptNet 4的人工智能语言系统通过了智力测试，其表现要优于大多数4岁孩童。而三年前，它还无法与1岁孩童的水平相比。最新确定的下一代设备有望达到5~6岁儿童的水平。

资料来源：“人工智能系统的言语智商达到4岁儿童水平”，参见http://citeseerx.ist.psu.edu/viewdoc/download?doi=10.1.1.386.6705&rep=rep1&type=pdf。

如果摩尔定律能够继续保持过去30年的发展速度，那么到2025年，计算机的中央处理器将会具有和人类大脑一样的信息处理能力。深层知识公司（Deep Knowledge Ventures）是香港一家投资生命科学、癌症研究、年龄相关疾病以及再生医药的风险投资公司，该公司任命了一个名为VITAL（意为“推动生命科学的有效投资工具”）的人工智能算法机器人为其董事会的一员。

资料来源：“计算机算法被任命为董事会成员”，BBC，参见http://www.bbc.com/news/technology-27426942。

变革 14：人工智能与白领工作

引爆点：30%的企业审计由人工智能完成

展望 2025：75%的受访者认为引爆点将在此之前发生

人工智能擅长模式匹配及自动化处理，使其可担任大型组织中的很多工作。可以预见，人工智能将在未来取代很多目前需要人工完成的工作。

牛津大学马丁学院进行的一项研究[92]调查了工作岗位被人工智能及机器人取代（即电脑化）的可能性，并得出了一些发人深省的结论。根据他们的模型计算，从 2010 年算起的 10~20 年内，美国有 47%的工作岗位将极有可能被电脑接替。

正面影响

- 降低成本
- 提高效率
- 为小型企业、初创企业提供创新机遇（降低市场进入壁垒；“软件即服务”模式大规模应用）

负面影响

- 失业
- 问责与义务
- 法律、财务信息披露风险加剧
- 工作自动化（参考牛津大学马丁学院的研究报告）

正在发生的变化

《财富》杂志报道的自动化新进展："IBM的人工智能程序'沃森'，因其在电视竞赛节目《危险边缘》中的精彩表现而声名大噪。他对肺癌的诊断率已经比人类更加准确——在同样的竞赛中以90%对50%胜出。其秘诀就在于数据处理。一名医生每周需要花160个小时才能跟进最新医疗数据的发布，所以医生不可能跟进所有的新进展及临床病例，而这些很可能有助于做出诊断。外科医生已经使用自动化系统协助其进行微创手术。"

资料来源：艾瑞克·舍曼，《财富》，2015年2月25日，参见http://fortune.com/2015/02/25/5-jobs-that-robots-already-are-taking/。

变革 15：机器人与服务

引爆点：美国出现首位机器人药剂师

展望 2025：86%的受访者认为引爆点会在此之前出现

机器人技术已经开始影响各行各业，从制造业到农业、零售业及服务业，无所不包。根据国际机器人联合会提供的数据，全球工业机器人达 110 万台，而汽车制造过程中有 80%的工作都由机器完成。[93] 机器人正在提高供应链效率，以做出更为高效及可预测的经营业绩。

正面影响

- 供应链及物流的简化
- 更多的休闲时间
- 改善健康状况（为医药研发提供大数据）
- 银行的 ATM（自动取款机）为先行者
- 获取更多材料
- 制造业“回流”（如用机器人取代海外代工）

负面影响

- 失业
- 责任与义务
- 日常社会规范的改变，变“8 小时工作制”为全天候服务
- 黑客及网络安全风险

正在发生的变化

CNBC.com上一则来自《财政时报》的文章写道："Rethink机器人公司于2012年秋发布了机器人巴克斯特，在制造业引发强烈的市场反响。这款机器人在2013年4月就被抢购一空。他们于4月发布了一个软件平台，可使巴克斯特完成一系列更为复杂的任务，例如，拿起一个组件，将其放置在检查站接受检查，收到回馈信号后将其按照'合格'和'不合格'进行产品分类。Rethink公司同时还发布了巴克斯特的软件开发工具包，允许第三方机构（如大学的机器人研究中心）给巴克斯特开发新的应用程序。"

资料来源："机器人的现实：接下来轮到服务业"，布莱尔·布瑞欧迪，2013年3月26日，《财政时报》，参见http://www.cnbc.com/id/100592545。

变革 16：比特币和区块链

引爆点：全球GDP总量的10%利用区块链技术储存

展望2025：58%的受访者认为引爆点会在此之前出现

比特币和数字货币都是基于“区块链”技术产生的。“区块链”是一种分布式信任机制，可以通过分布式方式追踪可信的交易记录。目前，区块链中的比特币总价值在200亿美元左右，达到了全世界GDP总量（80万亿美元）的0.025%。

正面影响

- 基于区块链的金融服务赢得大量用户，新兴市场中的普惠金融随之增多
- 随着区块链中直接产生了新的服务和价值交换，金融机构将实现非中介化
- 由于区块链里可进行任意种类的价值交换，可交易资产呈现爆炸式增长
- 新兴市场里的资产记录更完善，并能使任意物质成为可进行交易的资产
- 合同、法律服务与区块链代码的关联越发紧密，将被用作牢不可破的加密方式或是编程设计的智能合约
- 由于区块链本质上是一个全球范围的存储所有交易信息的分类账户，交易透明度有所提高

正在发生的变化

Smartcontracts.com可以提供一种程序控制合约。一旦满足特定条件，合约将自动执行，为交易双方进行清算，无须中间人介入。这些合约在区块链中被确认为“自生效合同状态”加以保护，从而消除了依靠他人操作的风险，使其圆满完成使命。

变革 17：共享经济

引爆点：全球更多人选择拼车代替私家车出行

展望 2025：67%的受访者认为引爆点会在此之前出现

大家对于这一现象的共识通常是指技术的发展使实体（个人或组织）能够共同分享某个实物商品或资产的使用权，或分享/提供某种服务，这在以前是非常低效甚至完全不可能实现的。这种商品或服务的共享通常可以通过网络市场、手机应用与定位服务或其他技术驱动型平台来实现。这些行为可以减少交易成本和系统摩擦，使所有参与者都获得恰到好处的经济利益。

交通领域有很多知名的共享经济实例：Zipcar公司可提供一种比传统汽车租赁公司更合理的方式，使人们能够在更短的时间内共享汽车使用权。RelayRides提供了一个平台，供人们查询并借用他人的车辆来使用一段时间。Uber（优步）和Lyft则通过聚合私家车，提供更高效的私人专车服务，类似于出租车，可通过手机应用预约与支付，利用定位系统获取地理位置。此外，他们可以随叫随到。

共享经济有很多组成要素、特点和标志：技术驱动、注重使用权而非所有权、点对点的对等、个人资产（非企业资产）共享、易于获取、社交互动增强、协作消费、用户反馈信息公开共享（从而获得更多信任）。然而并不是每一笔"共享经济"交易都存在上述所有特点。

正面影响

- 更易于获得工具或其他有用的物质资源
- 更好的环境效应（减少资产需求从而减少生产）
- 更多的个人服务
- 提高对现金流的依赖（同时降低“攒钱购买”的储蓄需求）
- 资产利用率提高
- 直接和公开的反馈系统降低信用缺失的可能性
- 创造了诸多第二产业形式（优步司机可以运送货物或食物）

负面影响

- 失业后的抗风险能力降低（由于储蓄减少）
- 更多的短期/任务制劳务雇佣（相较于典型的长期稳定雇佣方式）
- 更难计量潜在的灰色经济
- 更多的短期信用被滥用
- 资本系统中的投资资本减少

未知或利弊皆有

- 财产与资产所有权的变更
- 更多的订阅模式
- 储蓄减少
- “财富”和“富有”的定义模糊

- “工作”的定义不明
- 计量潜在“灰色”经济出现很多难点
- 税制和监管模式的基础从所有权/销售收入转变为使用量

正在发生的变化

某种特殊的所有权概念成为该变革的基础，下列问题从某种程度上反映了这一概念：

- 最大的零售商竟然没有一家商店？（Amazon）
- 最大的住宿提供商竟然没有一家酒店？（Airbnb）
- 最大的交通提供商竟然没有一辆汽车？（Uber）

变革 18：政府和区块链

引爆点：政府第一次通过区块链征收税款

展望 2025：73%的受访者认为引爆点会在此之前出现

区块链为各国同时带来了机遇和挑战。一方面，它未经规范化，也不受任何中央银行的监管，也就弱化了央行对货币政策的控制；另一方面，它能够建立新的税制，并将其纳入区块链自身的体系之中（比如小额交易税）。

未知或利弊皆有

- 中央银行和货币政策
- 贪腐
- 实时税收
- 政府所扮演的角色

正在发生的变化

2015 年，首个虚拟王国——比特国（BitNation）成立，它运用基于区块链的身份识别技术来储存公民的身份信息。与此同时，爱沙尼亚也成为第一个运用区块链技术的实体政府。

资料来源：https://bitnation.co/;http://www.pymnts.com/news/2014/estoniannational-id-cards-embrace-electronic-payment-capabilities/#.Vi9T564rJPM。

变革 19：3D打印与制造业

引爆点：第一辆 3D 打印汽车问世

展望 2025：84% 的受访者认为引爆点会在此之前出现

3D 打印，又称“增材制造”，是一种根据 3D 数字图纸或模型逐层打印，从而创造出实物的技术。想象一下一片片地制作出一条面包的情形就更容易理解了。3D 打印有望实现用简易的设备来制造复杂的产品。[94] 最终，许多材料都将成为 3D 打印的原料，例如塑料、铝、不锈钢、陶瓷，甚至是高性能合金等，而 3D 打印机也将有能力完成原本需要集全工厂之力才能完成的任务。3D 打印技术目前已经得到广泛应用，不管是在风力涡轮机制造还是玩具生产过程中，你都能见到这项技术的身影。

假以时日，3D 打印技术将会突破速度、成本和规模的限制，更加普及。高德纳咨询公司公布的一份“技术成熟度曲线图”（见图V）展示了各种 3D 打印应用技术所处的发展阶段以及它们对市场产生的影响，并描述了该技术在进入“持续发展的复苏期”后的多数商业用途。[95]

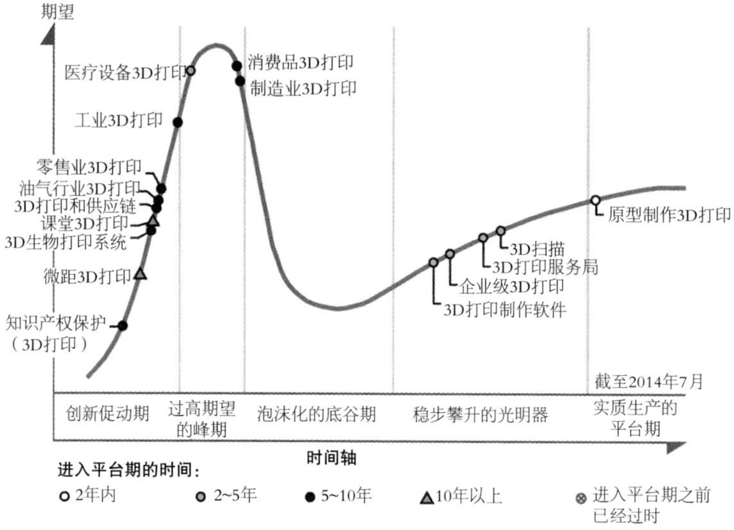

图Ⅴ　3D打印技术成熟度曲线图

资料来源：高德纳咨询公司（2014 年 7 月）。

正面影响

- 产品研发速度加快
- 从设计到制造的周期缩短
- 复杂精细部件制造更简单（过去无法或难以制造）
- 产品设计师需求增加
- 教育机构利用 3D 打印技术促进学习和理解
- 生产与制造的自主化（两者过去都为设计所限）
- 传统的大规模生产寻求降低成本和最小运行规模的途径，以应对挑战
- 打印物件的公开源代码的“模型”增多

• 打印原料供应产业的出现

• 航空领域创业机会的增加[96]

• 交通需求的减少对环境有利

负面影响

• 待处理垃圾增多，环境压力增大

• 生产的部件在逐层处理过程中出现各向异性，比如各个方向上的强度存在差异，可能会影响其功能

• 产业变革造成失业

• 作为生产力价值来源的知识产权处于首要位置

• 剽窃行为

• 品牌和产品质量

未知或利弊皆有

• 任何创新都有可能被迅速复制

正在发生的变化

《财富》杂志最近报道了 3D 打印技术应用于制造业的一个案例："通用电气公司生产的LEAP喷气式发动机不仅是该公司的明星产品，还即将配置完全由增材制造技术制造的燃油喷嘴。这种工艺就是大家所熟知的 3D 打印技术，要根据精准的数字模型将原料（这里指合金材料）逐层堆积和建构起来。虽然通用

电气的新型LEAP引擎仍处于测试阶段，但增材制造的部件所具备的优势已经在其他模型上显现出来。”

资料来源：“通用首批3D打印零件即将起飞”，安德鲁·扎莱斯基，《财富》，2015年5月12日，参见http://fortune.com/2015/05/12/ge-3d-printed-jet-engine-parts/。

变革 20：3D 打印与人类健康

引爆点：进行首例 3D 打印肝脏的移植手术

展望 2025：76% 的受访者认为引爆点会在此之前出现

在未来，3D 打印机不仅能够打印物品，还能够制造人体器官——这一过程被称为“生物打印”。器官与普通物品的打印过程大致相同，也是根据建好的 3D 数字模型逐层打印。[97] 但打印器官的原材料显然与打印自行车的材料不同，而有关实验也需要有适用的材料方可进行，例如制造骨骼所需的钛粉等。3D 打印在满足顾客的定制化需求方面具有巨大潜力，而没有什么比人体更加需要定制了。

正面影响

- 解决器官捐献供体稀缺的问题（每天平均有 21 位患者因等不到稀缺的捐献器官来进行移植而失去生命）[98]
- 打印假体：用以替代四肢和其他人体部位
- 医院为每一位需要手术的患者进行针对性打印（如夹板、石膏模、植入物、螺钉等）
- 个体化治疗：3D 打印发展最快的领域莫过于患者有人体器官的个体化需求的医疗领域（如牙冠制造）
- 打印医疗设备中工艺较为复杂或原料价格高昂的组件，如换能器等 [99]
- 在当地医院打印种植牙、起搏器以及骨折夹板等医疗用

品，而无须进口，从而降低经营成本

- 药物检测将发生根本性转变，可以在打印出的真实人体器官上进行
- 打印食物提高了食品的安全性

负面影响

- 人体部位、医疗设备及食品的生产不受管控和监管
- 需要处理的废弃物增多，环保压力进一步加大
- 人体和器官的打印引发巨大的伦理争议：谁能控制生产？谁来保证产出器官的质量？
- 漠视健康的扭曲心态：如果身体任何部位都能被替换，为何还要保持健康的生活方式？
- 食品打印技术对农业的影响

正在发生的变化

《大众科学》杂志报道了首例3D打印脊椎的移植手术："2014年，北京大学第三医院的医生成功将世界上首个3D打印的人工椎体植入一位年轻患者体内，以替换其颈椎的病变部位。该人工椎体根据男孩体内原有的椎体建模打印而成，因此能够更好地嵌入其身体。"

资料来源："男孩接受3D打印脊椎移植手术"，劳伦·格如施，《大众科学》，2014年8月26日，参见http://www.popsci.com/article/science/boy-given-3-dprinted-spine-implant。

变革21：3D打印与消费品

引爆点：3D打印的消费品占到总量的5%

展望2025：81%的受访者认为引爆点会在此之前出现

只要拥有一台3D打印设备，任何人都能轻松进行3D打印。这一技术能使某些传统消费品根据需求进行本地化打印，顾客就不必特意前往商店购买。3D打印机有望成为办公室甚至是家庭中必不可少的设备。这将进一步降低获取消费品的成本，让3D打印产品变得更为普及。当前3D打印技术的应用领域（见图VI）表现出了一些有关消费品开发和生产的几个阶段（概念证明、原型以及生产）。

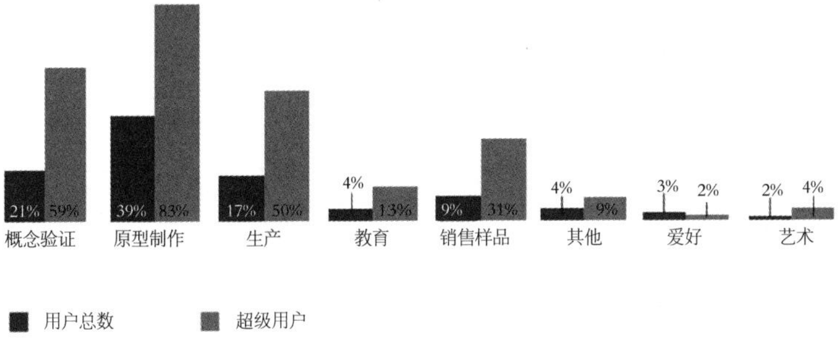

图VI　3D打印技术在各领域的应用

（百分数为占受访人数的百分比*）

*百分比数据代表在接受Sculpteo公司调查的受访者中所占比例。

资料来源：Sculpteo公司，《3D打印现状》（千人调查），发布于Quora网站，作者为海德斯托姆，标题为“The State of 3D Printing...”。[100]

正面影响

• 更多个性化产品和个人制造

• 打印小众产品并通过售卖从中获利

• 在顾客对产品有个体化定制需求的领域，如特殊脚形需要特制的鞋，3D 打印技术发展最快

• 物流成本下降，带来巨大的节能空间 [101]

• 有利于丰富本地活动；节省的物流成本可用于制造更加精致的定制产品（循环经济）

负面影响

• 全球和区域供应及物流链：需求下降造成失业

• 枪支管理：打印技术可能遭到高度滥用，如制造枪支等危险品

• 需要处理的废弃物增多，环保压力进一步加大

• 生产管理、消费者条例、贸易壁垒、专利权、税收和其他政府管制等方面将发生重大颠覆，且需付出极大精力进行应对

正在发生的变化

2014 年，全球 3D 打印机的出货量达到 13.3 万台，比 2013 年增长了 68%。其中大多数打印机的售价不超过 1 万美元，该售价适用于实验室、学校和小型制造企业。因此，3D 打印材料和服务市场的规模迅猛增长，总价值达到了 33 亿美元。[102]

变革 22：定制人类[103]

引爆点：第一个“编辑基因组”婴儿诞生

从 21 世纪初到现在，人类全基因组测序的成本几乎下降了 6 个数量级。2003 年，“人类基因组计划”花费 27 亿美元完成了第一次全基因组测序。2009 年，每个基因组的测序费用下降到 10 万美元，而如今研究人员只需要花 1 000 美元左右租用一个专用于此类研究的实验室，就能完成基因组测序。近年来，随着CRISPR/Cas9 基因编辑技术的发展，在基因组编辑领域也出现了相似的趋势。与之前的研究方法相比，该技术还因其高效能、高效率及低成本而得以广泛应用。

由此可见，真正的革命并不在于科学家们编辑动植物基因的能力取得突破，而在于新的基因组测序及编辑技术带来的更大便利，大大增加了有能力参与实验的研究者的数量。

正面影响

- 更茁壮、产能更高的作物以及更有效的作物培育技术带来的高收成
- 通过个体化医疗获得更高效的治疗
- 更快、更精准的微创医学诊断
- 更深入理解人类对自然的影响
- 减少遗传类疾病及相关病痛的发生

负面影响

- 编辑动植物基因组对人体与环境健康带来风险
- 高成本的基因疗法导致不平等现象的加剧
- 社会对于基因编辑技术的抵触及反对
- 政府和企业对遗传数据的滥用
- 国际社会对于基因编辑技术所引发的伦理问题的争论

未知或利弊皆有

- 延长寿命
- 陷入讨论人类本质的伦理困境
- 文化转型

正在发生的变化

2015 年 3 月，顶尖科学家在《自然》杂志上发表了一篇文章，呼吁暂停编辑人类胚胎基因，并强调称“我们高度关注此项研究引发的道德及安全问题”。

变革 23：神经技术[104]

引爆点：首次将完全人工制造的记忆植入人脑

不论是对集体还是个人，在职场还是私人生活中，更好地理解大脑的工作原理都会对我们有所助益。回顾过去几年，在全世界受资助最多的研究项目中，就有两个属于脑科学领域：一个是人类大脑工程（在过去 10 年中得到欧盟委员会共计 10 亿欧元的科研基金资助）；另一个是美国总统奥巴马发起的“推进创新神经技术脑研究计划”。虽然这些项目主要集中在科学和医学研究领域，但我们也目睹到神经技术在我们生活中的非医学领域也得到迅猛发展（并产生一定影响）。神经技术包括监测大脑活动，观察大脑与世界之间的互动和关联。

例如，2015 年，携带方便、价格低廉（目前的价格甚至已经低于一台电子游戏机）、能够读取脑电信号的头戴设备“神经耳机”为我们带来了无限的可能，它标志着这场神经领域的变革演变为一次社会革新。[105]

正面影响

• 残障人士能够“通过意识”操控义肢或轮椅

• 神经反馈技术可实时监测大脑活动，为帮助人们戒瘾、调整饮食习惯、提高从学习到运动等方面的表现提供了无限可能

• 采集、处理、存储和比较大量大脑活动相关数据成为可

能，这让医生在诊断和治疗脑神经紊乱和心理健康方面的问题时更加准确和高效

• 法律将能够针对每个具体案件给出相应的裁决，而刑事案件的责任认定方式将由通用走向细化

• 下一代计算机的设计将结合人脑科学，使其能像人脑的新皮质（大脑智力活动的中心）一样进行推理、预测和反应

负面影响

• 过分倚重人脑产生偏见：对于人类来说，大脑并不是唯一重要的。同样，在法律、人力资源、消费者行为和教育等领域，也存在着完全依靠大脑数据进行决策而不顾实际情况的风险[106]

• 想法、梦境和欲望面临被破译的风险，隐私也可能会不复存在

• 创造力或人情味渐渐淡化并最终消逝的风险，这主要是过度吹捧脑科学所带来的后果

• 人类与机器的界限变得模糊

未知或利弊皆有

• 文化转型

• 意识脱离人体，直接沟通

• 人脑能力提升

• 人类认知能力的拓展引发新的行为

正在发生的变化

• 脑皮质运算算法已经能够通过现代图灵测试（广泛用来区分人类和计算机的测试）

• 自动化产业已经发明可监控人类注意力和意识的系统，可在驾驶汽车的司机睡着时自动停车

• 中国一项智能计算机程序在智商测试中的得分高于许多成年人

• IBM的“沃森”超级计算机能够从数百万个病历和数据库中筛选信息，已开始帮助医生为有复杂需求的患者选择有效的治疗方案

• 由人眼与人脑之间的信息传递方式启发发明的神经形态图像传感器将为电池的使用和机器人等诸多领域带来广泛影响

• 神经义肢技术能够帮助残障人士控制人造器官和外骨骼，并让一些盲人得以重见光明

• 美国国防部高级研究计划局发起的“恢复主动记忆”项目是研究记忆恢复和加强领域的初步尝试

• 麻省理工学院的神经科学家们经研究证实，老鼠的抑郁症状可通过人工激活其愉快记忆而得到治愈

资料来源：多雷斯瓦米（2015年），改变未来的5种大脑技术。世界经济论坛议程，8月9日，参见https://agenda.weforum.org/2015/08/5-brain-technologies-future/。

费尔南德斯（2015年），“改革大脑机能增强和健康领域的10种神经技术”，锐脑公司，美国，11月10日，参见http://sharpbrains.com/blog/2015/11/10/10-neurotechnologies-about-to-transform-brain-enhancement-and-brain-health/。

THE
FOURTH
INDUSTRIAL
REVOLUTION

致 谢

作为推动公私合作的国际组织，世界经济论坛的全体成员都深知自己所肩负的责任，致力于将自身打造成为一个全球性平台，与我们的合作伙伴、会员以及相关方一道，共同探讨第四次工业革命所带来的挑战，并帮助所有利益相关者制订具有前瞻性和全面性的解决方案。

因此，在达沃斯–克洛斯特斯地区举办的2016年冬季达沃斯论坛年会的主题确定为“掌控第四次工业革命”。我们围绕这一主题，从当前的挑战、项目及会议入手，促成有建设性的讨论与合作伙伴关系。而将于2016年6月在天津举办的世界经济论坛新领军者年会，也会为来自研究、技术、商业、监管等领域的领导者及创新人士提供一个重要契机，让大家汇聚一堂，深入探讨如何最大限度地挖掘第四次工业革命的潜能，让所有人获益。我衷心地希望，本书能够作为上述活动的“入门读物”和指南，帮助领导者们了解如何应对本次工业革命在政治、社会和经济领域的影响以及引发这些影响的新兴技术。

本书得以完稿，离不开世界经济论坛全体同人的鼎力支持和参与。我在此向他们致以最诚挚的谢意。我尤其想要感谢Nicholas Davis、Thierry Malleret和Mel Rogers三位同事在调查研究和写作过程中向我提供的帮助。同时也要感谢为本书各章节的编写做出贡献的同事和团队，尤其是Jennifer Blanke、Margareta Drzeniek-Hanouz、Silvia Magnoni和Saadia Zahidi（经济与社会部分）；Jim Hagemann Snabe、Mark Spelman和Bruce Weinelt（商业与工业部分）；Dominic Waughray（环境部分）；Helena Leurent（政府部分）；Espen Barth Eide和Anja Kaspersen（地缘政治学和国际安全部分）以及Olivier Oullier（神经技术部分）。

本书在编写过程中汇聚了世界经济论坛全体成员的非凡智慧与专业知识，在此我想感谢所有通过网络或以面对面的方式与我分享见解的人，尤其要感谢"新兴技术工作小组"的成员们：David Gleicher、Rigas Hadzilacos、Natalie Hatour、Fulvia Montresor和Olivier Woeffray，以及付出时间和精力钻研相关问题的成员：Chidiogo Akunyili、Claudio Cocorocchia、Nico Daswani、Mehran Gul、Alejandra Guzman、Mike Hanley、Lee Howell、Philip Shetler-Jones、Jeremy Jurgens、Bernice Lee、Alan Marcus、Adrian Monck和Thomas Philbeck。

我还要深深感谢世界经济论坛社区的所有成员，他们为我提供了看待第四次工业革命的思路。我尤其要感谢安德鲁·麦卡菲和埃里克·布莱恩约弗森，两位的观点为我提供了一定程度的启发，使我形成了对技术创新的影响及其巨大机遇和挑战的认识。也要感谢Dennis Snower和Stewart Wallis，他们强调必须对本次工业革命形成以价值为导向的认识，才能成功把握本次工业革命的机遇，服务于全球公众利益。

同时还要感谢Marc Benioff、Katrine Bosley、Justine Cassell、Mariette DiChristina、Murali Doraiswamy、Nita Farahany、Zev Furst、Nik Gowing、Victor Halberstadt、胡厚崑、LeeSang-Yup、Alessio Lomuscio、马云、Ellen MacArthur、Peter Maurer、Bernard Meyerson、Andrew Maynard、William McDonough、James Moody、Andrew Moore、Michael Osborne、Fiona Paua Schwab、Feike Sijbesma、Vishal Sikka、Philip Sinclair、Hilary Sutcliffe、Nina Tandon、Farida Vis、Sir Mark Walport和Alex Wyatt，他们都为本书的编写与我进行了邮件沟通或接受了采访。

世界经济论坛的全球议程理事会网络以及“面向未来的社区”高度参与了该话题的研究，并为书中讨论的各项议题提供了许多宝贵意见。我非常感谢全球议程理事会的“软件与社会的未来”、“移民”以及“城市的未来”议题组，同时也感谢各位思想领袖在2015年于阿布扎比举办的全球议程峰会上为该话题提供的真知灼见，还要感谢论坛的全球杰出青年社区、全球青年领袖社区和青年科学家社区的成员，尤其是通过论坛的虚拟协作与知识平台TopLink贡献智慧的人们。

最后还要特别感谢Alejandro Reyes为本书编辑、Scott David为本书设计以及Kamal Kimaoui的排版和出版工作。

为了能够在2016年冬季达沃斯年会前成书，分布在世界各地的成员们通力合作，在不到三个月的时间内完成了编写。这真切地反映出第四次工业革命快节奏、充满活力的大环境。最后，我谨向各位读者表达深深的谢意，感谢大家与我携手共进，持之以恒地致力于改善世界状况。

注 释

1. 商业和管理战略研究界对“颠覆”和“颠覆式创新”两个词进行了大量的探讨，其中最近的文章是 Clayton M. Christensen, Michael E. Raynor, and Rory McDonald, *What is Disruptive Innovation*?, *Harvard Business Review*, December 2015。我尊重克里斯坦森教授及其同事对于定义的关切，本书中的这两个词采用的都是广义。

2. Erik Brynjolfsson and Andrew McAfee, *The Second Machine Age: Work, Progress, and Prosperity in a Time of Brilliant Technologies*, W.W. Norton & Company, 2014.

3. James Manyika and Michael Chui, “Digital Era Brings Hyperscale Challenges”, *The Financial Times*, 13 August 2014.

4. 关于我说的这一点，设计师兼建筑师奈丽 · 奥斯曼（Ner iOxman）举了一个很有意思的例子。她的研究实验室对计算机设计、增材制造、材料工程学和合成生物学均有涉猎。

https://www.ted.com/talks/neri_oxman_design_at_the_intersection_of_technology_and_biology

5. Carl Benedikt Frey and Michael Osborne, with contributions from Citi Research, “Technology at Work – The Future of Innovation and Employment”, Oxford Martin School and Citi, February 2015.

https://ir.citi.com/jowGiIw%2FoLrkDA%2BldI1U%2FYUEpWP9ifowg%2F4HmeO9kYfZiN3SeZwWEvPez7gYEZXmxsFM7eq1gc0%3D

6. David Isaiah, “Automotive grade graphene: the clock is ticking”, *Automotive World*, 26 August 2015.

http://www.automotiveworld.com/analysis/automotive-grade-graphene-clock-ticking/

7. Sarah Laskow, “The Strongest, Most Expensive Material on Earth”, *The Atlantic*.

http://www.theatlantic.com/technology/archive/2014/09/the-strongest-most-expensive-material-on-earth/380601/

8. 了解相关技术的更多介绍，请参阅：Bernard Meyerson, “Top 10 Technologies of 2015”, Meta-Council on Emerging Technologies, World Economic Forum, 4 March 2015。

https://agenda.weforum.org/2015/03/top-10-emerging-technologies-of-2015-2/

9. Tom Goodwin, “In the age of disintermediation the battle is all for the consumer interface”, *TechCrunch*, March 2015.

http://techcrunch.com/2015/03/03/in-the-age-of-disintermediationthe-battle-is-all-for-the-customer-interface/

10. K.A. Wetterstrand, “DNA Sequencing Costs: Data from the NHGRI Genome Sequencing Program (GSP)”, National Human Genome Research Institute, 2 October 2015.

http://www.genome.gov/sequencingcosts/

11. Ariana Eunjung Cha, “Watson’s Next Feat? Taking on Cancer”, *The Washington Post*, 27 June 2015.

http://www.washingtonpost.com/sf/national/2015/06/27/watsons-next-feat-taking-on-cancer/

12. Jacob G. Foster, Andrey Rzhetsky and James A. Evans, “Tradition and Innovation in Scientists’ Research Strategies”, *American Sociological Review*, October 2015 80: 875-908.

http://www.knowledgelab.org/docs/1302.6906.pdf

13. Mike Ramsay and Douglas Cacmillan, “Carnegie Mellon Reels After Uber Lures Away Researchers”, *Wall Street Journal*, 31 May 2015.

http://www.wsj.com/articles/is-uber-a-friend-or-foe-of-carnegie-mellon-in-robotics-1433084582

14. World Economic Forum, *Deep Shift – Technology Tipping Points and Societal Impact*, Survey Report, Global Agenda Council on the Future of Software and Society, September 2015.

15. 了解有关调查方法的详细信息，请参考上一条文献中提及的报告的第 4 页和第 39 页。

16. UK Office of National Statistics, “Surviving to Age 100”, 11 December 2013.

http://www.ons.gov.uk/ons/rel/lifetables/historic-and-projected-data-from-the-period-and-cohort-life-tables/2012-based/info-surviving-to-age-100.html

17. The Conference Board, *Productivity Brief 2015*, 2015.

根据世界大型企业联合会的数据，1996~2006 年间全球劳动生产率平均增速为 2.6%，2013 年和 2014 年为 2.1%。

https://www.conference-board.org/retrievefile.cfm?filename=The-Conference-Board-2015-Productivity-Brief.pdf&type=subsite

18. United States Department of Labor, “Productivity change in the nonfarm business sector, 1947-2014”, Bureau of Labor Statistics.

http://www.bls.gov/lpc/prodybar.htm

19. United States Department of Labor, “Preliminary multifactor productivity trends, 2014”, Bureau of Labor Statistics, 23 June 2015.

http://www.bls.gov/news.release/prod3.nr0.htm

20. OECD, “The Future of Productivity”, July 2015.

http://www.oecd.org/eco/growth/The-future-of-productivity-policy-note-July-2015.pdf

关于美国生产率减速的简短讨论，参见：John Fernald and Bing Wang, “The Recent Rise and Fall of Rapid Productivity

Growth", Federal Reserve Bank of San Francisco, 9 February 2015.

http://www.frbsf.org/economic-research/publications/economic-letter/2015/february/economic-growth-information-technology-factor-productivity/

21. 经济学家布拉德·德朗(Brad DeLong)在以下文章中提出此观点：J. Bradford DeLong, "Making Do With More", Project Syndicate, 26 February 2015.

http://www.project-syndicate.org/commentary/abundance-without-living-standards-growth-by-j--bradford-delong-2015-02

22. John Maynard Keynes, "Economic Possibilities for our Grandchildren" in Essays in Persuasion, Harcourt Brace, 1931.

23. Carl Benedikt Frey and Michael Osborne, "The Future of Employment: How Susceptible Are Jobs to Computerisation?", Oxford Martin School, Programme on the Impacts of Future Technology, University of Oxford, 17 September 2013.

http://www.oxfordmartin.ox.ac.uk/downloads/academic/The_Future_of_Employment.pdf

24. Shelley Podolny, "If an Algorithm Wrote This, How Would You Even Know?", *The New York Times*, 7 March 2015.

http://www.nytimes.com/2015/03/08/opinion/sunday/if-an-algorithm-wrote-this-how-would-you-even-know.html?_r=0

25. Martin Ford, *Rise of the Robots*, Basic Books, 2015.

26. Daniel Pink, *Free Agent Nation – The Future of Working for Yourself*, Grand Central Publishing, 2001.

27. 引自：Farhad Manjoo, “Uber’s business model could change your work”, *The New York Times*, 28 January 2015。

28. 引自：Sarah O’Connor, “The human cloud: A new world of work”,*The Financial Times,* 8 October 2015。

29. Lynda Gratton, The Shift: *The Future of Work is Already Here,* Collins, 2011.

30. R. Buckminster Fuller and E.J. Applewhite, *Synergetics: Explorations in the Geometry of Thinking*, Macmillan, 1975.

31. Eric Knight, “The Art of Corporate Endurance”, *Harvard Business Review*, April 2, 2014.

https://hbr.org/2014/04/the-art-of-corporate-endurance

32. VentureBeat, “WhatsApp now has 700M users, sending 30B messages per day”, January 6 2015.

http://venturebeat.com/2015/01/06/whatsapp-now-has-700m-users-sending-30b-messages-per-day/

33. Mitek and Zogby Analytics, *Millennial Study 2014*, September 2014.

https://www.miteksystems.com/sites/default/files/Documents/zogby_final_embargo_14_9_25.pdf

34. Gillian Wong, “Alibaba Tops Singles’ Day Sales Record Despite Slowing China Economy”, *The Wall Street Journal*, 11

November 2015。

http://www.wsj.com/articles/alibaba-smashes-singles-day-sales-record-1447234536

35. “The Mobile Economy: Sub-Saharan Africa 2014” , GSM Association,2014.

http://www.gsmamobileeconomyafrica.com/GSMA_ME_SubSaharanAfrica_Web_Singles.pdf

36. Tencent, “Announcement of results for the three and nine months ended 30 September 2015” .

http://www.tencent.com/en-us/content/ir/an/2015/attachments/20151110.pdf

37. MIT, “The ups and downs of dynamic pricing” , innovation@work Blog, MIT Sloan Executive Education, 31 October 2014.

http://executive.mit.edu/blog/the-ups-and-downs-of-dynamic-pricing#.VG4yA_nF-bU

38. Giles Turner, “Cybersecurity Index Beat S&P500 by 120%. Here’s Why, in Charts” , Money Beat, *The Wall Street Journal*, 9 September 2015.

http://blogs.wsj.com/moneybeat/2015/09/09/cybersecurity-index-beats-sp-500-by-120-heres-why-in-charts/

39. IBM, “Redefining Boundaries: Insights from the Global C-Suite Study,” November 2015.

http://www-935.ibm.com/services/c-suite/study/

40. Global e-Sustainability Initiative and The Boston Consulting Group, Inc, “GeSI SMARTer 2020: The Role of ICT in Driving a Sustainable Future”, December 2012.

http://gesi.org/SMARTer2020

41. Moisés Naím, *The End of Power: From Boardrooms to Battlefields and Churches to States, Why Being in Charge Isn't What It Used to Be*, Basic Books, 2013.

本书将传统权力的终结归结为三次革命：“多多益善”革命、移动革命及思想革命。书中谨慎地未将信息技术放在支配地位，但毋庸置疑的是这三场革命均要归功于数字化时代以及新技术的传播。

42. 该观点起源并发展于：“The Middle Kingdom Galapagos Island Syndrome: The Cul-De-Sac of Chinese Technology Standards”, Information Technology and Innovation Foundation (ITIF), 15 December 2014。

http://www.itif.org/publications/2014/12/15/middle-kingdom-galapagos-island-syndrome-cul-de-sac-chinese-technology

43. “Innovation Union Scoreboard 2015”, European Commission, 2015.

http://ec.europa.eu/growth/industry/innovation/facts-figures/scoreboards/files/ius-2015_en.pdf

欧盟创新型联盟记分牌的评价体系主要分为三类指标、8 个革新方向以及25个二级指标。公司外部的主要革新驱动力覆盖了以下三个方向：人力资源；开放、优秀、有吸引力的研究系统；以及金融和运营支持。企业行为的革新被分为：企业投资方式、关联模式和企业家精神，以及知识产权。创新产出覆盖了以下两个方向的企业革新活动：创新者数量及经济影响。

44. World Economic Forum, *Collaborative Innovation – Transforming Business, Driving Growth*, August 2015.

http://www3.weforum.org/docs/WEF_Collaborative_Innovation_report_2015.pdf

45. World Economic Forum, *Global Information Technology Report 2015: ICTs for Inclusive Growth*, Soumitra Dutta, Thierry Geiger and Bruno Lanvin, eds., 2015.

46. World Economic Forum, *Data-Driven Development: Pathways for Progress*, January 2015.

http://www3.weforum.org/docs/WEFUSA_DataDrivenDevelopment_Report2015.pdf

47. Tom Saunders and Peter Baeck, "Rethinking Smart Cities From The Ground Up", Nesta, June 2015.

https://www.nesta.org.uk/sites/default/ files/rethinking_smart_cities_from_the_ground_up_2015.pdf

48. Carolina Moreno, "Medellin, Colombia Named 'Innovative City Of The Year' In WSJ And Citi Global Competition", *Huffington Post*, 2 March 2013.

http://www.huffingtonpost.com/2013/03/02/medellin-named-innovative-city-of-the-year_n_2794425.html

49. World Economic Forum, *Top Ten Urban Innovations*, Global Agenda Council on the Future of Cities, World Economic Forum, October 2015.

http://www3.weforum.org/docs/Top_10_Emerging_Urban_Innovations_report_2010_20.10.pdf

50. Alex Leveringhaus and Gilles Giacca, "Robo-Wars – The Regulation of Robotic Weapons", The Oxford Institute for Ethics, Law and Armed Conflict, The Oxford Martin Programme on Human Rights for Future Generations, and The Oxford Martin School, 2014.

http://www.oxfordmartin.ox.ac.uk/downloads/briefings/Robo-Wars.pdf

51. James Giordano quoted in Tom Requarth, "This is Your Brain. This is Your Brain as a Weapon", *Foreign Policy*, 14 September 2015.

http://foreignpolicy.com/2015/09/14/this-is-your-brain-this-is-your-brain-as-a-weapon-darpa-dual-use-neuroscience/

52. Manuel Castells, "The impact of the Internet on Society: A Global Perspective", *MIT Technology Review*, 8 September 2014.

http://www.technologyreview.com/view/530566/the-impact-of-the-internet-on-society-a-global-perspective/

53. Credit Suisse, *Global Wealth Report 2015*, October 2015.

http://publications.credit-suisse.com/tasks/render/file/index.cfm?fileid=F2425415-DCA7-80B8-EAD989AF9341D47E

54. OECD, "Divided We Stand: Why Inequality Keeps Rising", 2011.

http://www.oecd.org/els/soc/49499779.pdf

55. Frederick Solt, "The Standardized World Income Inequality Database," Working paper, SWIID, Version 5.0, October 2014.

http://myweb.uiowa.edu/fsolt/swiid/swiid.html

56. Richard Wilkinson and Kate Pickett, *The Spirit Level: Why Greater Equality Makes Societies Stronger*, Bloomsbury Press, 2009.

57. Sean F. Reardon and Kendra Bischoff, "More unequal and more separate: Growth in the residential segregation of families by income, 1970-2009", US 2010 Project, 2011.

http://www.s4.brown.edu/us2010/Projects/Reports.htm

http://cepa.stanford.edu/content/more-unequal-and-more-separate-growth-residential-segregation-families-income-1970-2009

58. Eleanor Goldberg, "Facebook, Google are Saving Refugees and Migrants from Traffickers", *Huffington Post*, 10 September 2015.

http://www.huffingtonpost.com/entry/facebook-google-maps-refugeesmigrants_55f1aca8e4b03784e2783ea4

59. Robert M. Bond, Christopher J. Fariss, Jason J. Jones, Adam D. I. Kramer, Cameron Marlow, Jaime E. Settle, and James H. Fowler, “A 61-million-person experiment in social influence and political mobilization”, *Nature*, 2 September 2012 (online).

http://www.nature.com/nature/journal/v489/n7415/full/nature11421.html

60. Stephen Hawking, Stuart Russell, Max Tegmark, Frank Wilczek, “Stephen Hawking: ‘Transcendence looks at the implications of artificial intelligence – but are we taking AI seriously enough?”, *The Independent*, 2 May 2014.

http://www.independent.co.uk/news/science/stephen-hawking-transcendence-looks-at-the-implications-of-artificial-intelligence-but-are-we-taking-9313474.html

61. Greg Brockman, Ilya Sutskever & the OpenAI team, “Introducing OpenAI”, 11 December 2015.

https://openai.com/blog/introducing-openai/

62. Steven Levy, “How Elon Musk and Y Combinator Plan to Stop Computers From Taking Over”, 11 December 2015.

https://medium.com/backchannel/how-elon-musk-and-y-combinator-plan-to-stop-computers-from-taking-over-17e0e27dd02a#.qjj55npcj

63. Sara Konrath, Edward O'Brien, and Courtney Hsing. "Changes in dispositional empathy in American college students over time: A meta-analysis." *Personality and Social Psychology Review* (2010).

64. 出自： Simon Kuper, "Log out, switch off, join in", *FT Magazine*, 2 October 2015。

http://www.ft.com/intl/cms/s/0/fc76fce2-67b3-11e5-97d0-1456a776a4f5.html

65. Sherry Turkle, *Reclaiming Conversation: The Power of Talk in a Digital Age*, Penguin, 2015.

66. Nicholas Carr, *The Shallows: How the Internet is changing the way we think, read and remember*, Atlantic Books, 2010.

67. Pico Iyer, *The Art of Stillness: Adventures in Going Nowhere*, Simon and Schuster, 2014.

68. 出 自：Elizabeth Segran, "The Ethical Quandaries You Should Think About the Next Time You Look at Your Phone", *Fast Company*, 5 October 2015。

http://www.fastcompany.com/3051786/most-creative-people/the-ethical-quandaries-you-should-think-about-the-next-time-you-look-at

69. "情境感知智慧"（contextual intelligence）一词由尼汀 · 诺里亚（Nihtin Nohria）创造，那是在他就任哈佛大学商学院院长之前的几年。

70. Klaus Schwab, *Moderne Unternehmensführung im Maschinenbau (Modern Enterprise Management in Mechanical Engineering*), VDMA, 1971.

71. 出自：Peter Snow, *The Human Psyche in Love, War & Enlightenment*, Boolarong Press, 2010。

72. Daniel Goleman, “What Makes A Leader?”, *Harvard Business Review*, January 2004.

https://hbr.org/2004/01/what-makes-a-leader

73. Rainer Maria Rilke, *Letters to a Young Poet*, Insel Verlag, 1929.

74. Voltaire wrote in French: “*Le doute n'est pas une condition agréable, mais la certitude est absurde*.” “On the Soul and God”, letter to Frederick William, Prince of Prussia, 28 November 1770, in S.G. Tallentyre, trans., *Voltaire in His Letters: Being a Selection from His Correspondence*, G.P. Putnam's Sons, 1919.

75. Martin Nowak with Roger Highfield, *Super Cooperators: Altruism, Evolution, and Why We Need Each Other to Succeed*, Free Press, 2012.

76. World Economic Forum, *Deep Shift – Technology Tipping Points and Societal Impact*, Survey Report, Global Agenda Council on the Future of Software and Society, November 2015.

77. 借鉴点评网站Yelp的思路，人们可以在网站上对他人直接进行评价。这些评价可通过其中嵌入的芯片记录下来或进行线上分享。

78. 回声室效应，意为人们不经思考便无可置疑地同意他人意见或重复他人言论。

79. Internet live stats, “Internet users in the world”.

http://www.internetlivestats.com/internet-users/

http://www.worldometers.info/world-population/

80. “Gartner Says Worldwide Traditional PC, Tablet, Ultramobile and Mobile Phone Shipments to Grow 4.2 Percent in 2014”, Gartner, 7 July 2014.

http://www.gartner.com/newsroom/id/2791017

81. “Number of smartphones sold to end users worldwide from 2007 to 2014 (in million units)”, statista, 2015.

http://www.statista.com/statistics/263437/globalsmartphone-sales-to-endusers-since-2007/

82. Lev Grossman, “Inside Facebook’s Plan to Wire the World,” *Time*, 15 December 2014.

http://time.com/facebook-world-plan/

83. “One Year In: Internet.org Free Basic Services,” Facebook Newsroom, 26 July 2015.

http://newsroom.fb.com/news/2015/07/one-year-in-internet-org-free-basic-services/

84. Udi Manber and Peter Norvig, “The power of the Apollo

missions in a single Google search", Google Inside Search, 28 August 2012.

http://insidesearch.blogspot.com/2012/08/the-power-of-apollo-missions-in-single.html

85. Satish Meena, "Forrester Research World Mobile And Smartphone Adoption Forecast, 2014 To 2019 (Global)," Forrester Research, 8 August 2014.

https://www.forrester.com/Forrester+Research+World+Mobile+And+Smartphone+Adoption+Forecast+2014+To+2019+Global/fulltext/-/E-RES118252

86. GSMA, "New GSMA Report Forecasts Half a Billion Mobile Subscribers in Sub-Saharan Africa by 2020", 6 November 2014.

http://www.gsma.com/newsroom/press-release/gsma-report-forecasts-half-a-billion-mobile-subscribers-ssa-2020/

87. "Processing Power Compared: Visualizing a 1 trillion-fold increase in computing performance", Experts Exchange.

http://pages.experts-exchange.com/processing-power-compared/

88. "A history of storage costs", mkomo.com, 8 September 2009.

http://www.mkomo.com/cost-per-gigabyte

根据网站声明，引用数据来源于“有关硬盘存储空间成本的史料笔记”一文（http://ns1758.ca/winch/winchest.html）。2004~2009年间数据通过互联网档案馆的历史信息查询工具获得（http://archive.org/web/web.php）。

89. Elana Rot, “How Much Data Will You Have in 3 Years?”, Sisense, 29 July 2015.

http://www.sisense.com/blog/much-data-will-3-years/

90. 摩尔定律通常认为，处理器的速度，或是一个中央处理器的晶体管总数每两年会增长一倍。

91. Kevin Mayer, Keith Ellis and Ken Taylor, “Cattle Health Monitoring Using Wireless Sensor Networks”, Proceedings of the Communication and Computer Networks Conference, Cambridge, MA, USA, 2004.

http://www.academia.edu/781755/Cattle_health_monitoring_using_wireless_sensor_networks

92. Carl Benedikt Frey and Michael A. Osborne, “The Future of Employment: How Susceptible Are Jobs to Computerisation?”, 17 September 2013.

http://www.oxfordmartin.ox.ac.uk/downloads/academic/The_Future_of_Employment.pdf

93. Will Knight, “This Robot Could Transform Manufacturing,” *MIT Technology Review*, 18 September 2012.

http://www.technologyreview.com/news/429248/this-robotcould-transform-manufacturing/

94. 参见：http://www.stratasys.com/。

95. Dan Worth, “Business use of 3D printing is years ahead of consumer uptake”, V3.co.uk, 19 August 2014.

http://www.v3.co.uk/v3-uk/news/2361036/business-use-of-3d-printing-is-years-ahead-of-consumer-uptake

96. “The 3D Printing Startup Ecosystem”, SlideShare.net, 31 July 2014.

http://de.slideshare.net/SpontaneousOrder/3d-printing-startup-ecosystem

97. Alban Leandri, “A Look at Metal 3D Printing and the Medical Implants Industry”, 3DPrint.com, 20 March 2015.

http://3dprint.com/52354/3d-print-medical-implants/

98. “The Need is Real: Data”, US Department of Health and Human Services, organdonor.gov.

http://www.organdonor.gov/about/data.html

99. “An image of the future”, *The Economist*, 19 May 2011.

http://www.economist.com/node/18710080

100. Jessica Hedstrom, “The State of 3D Printing”, 23 May 2015.

http://jesshedstrom.quora.com/The-State-of-3D-Printing

101. Maurizio Bellemo, “The Third Industrial Revolution: From Bits Back to Atoms”, CrazyMBA.Club, 25 January 2015.

http://www.crazymba.club/the-third-industrial-revolution/

102. T.E. Halterman, “3D Printing Market Tops $3.3 Billion, Expands by 34% in 2014”, 3DPrint.com, 2 April 2015.

http://3dprint.com/55422/3d-printing-market-tops-3-3-billion-expands-by-34-in-2014/

103. 注：这一引爆点不属于调查报告原文内容（Deep Shift– Technology Tipping Points and Societal Impact, Survey Report, World Economic Forum, September 2015）。

104. Ibid.

105. Fernandez A, Sriraman N, Gurewitz B, Oullier O (2015). Pervasive neurotechnology: A groundbreaking analysis of 10,000+ patent filings transforming medicine, health, entertainment and business. SharpBrains, USA (206 p.).

http://sharpbrains.com/pervasive-neurotechnology/

106. Oullier O (2012). Clear up this fuzzy thinking on brain scans. *Nature*, 483(7387), p. 7, doi: 10.1038/483007a.

http://www.nature.com/news/clear-up-this-fuzzy-thinking-on-brain-scans-1.10127